生きていくために必要な フリーランスの お金の話

税金、年金、保険…
ゼロからぜんぶ
教えます！

税理士 佐々木康之［著］

ナツメ社

はじめに

フリーランスの不安を解消するのは正しい「お金の知識」！

はじめまして！

フリーランス専門の税理士、佐々木と申します。

実は税理士として独立したのは3年前のことで、それまでは20年近くフリーライターをやっていました。今でもフリーライター時代の不安感はよく覚えています。結婚しても、年をとっても、自分は生き残れるのか？　将来を考え出すと仕事が手に付かないこともありました。

でも、ある日、エクセルでシミュレーションしてみました。リタイアする年齢までに２０００万円を貯めるには、毎月どれくらい貯金しないとダメなんだろうか。す

ると月3～4万円でも大丈夫だという結果です。この数字を見て、漠然とした不安はスッと消え去りました。

お金の知識を持つことが、自分の身を守ることになる。そう気付いた私は、税金や年金、金融の勉強を始めます。税理士の資格をとったのは、そうして身につけた知識を自分のためだけでなく、同じ立場のフリーランスのためにも役立てられないかと思ったためです。

フリーランスの道を選択された方が、充実した人生に向け、自信を持って過ごせるよう、本書がお役に立てれば幸いです。

税金、年金、金融の知識を身に付け
漠然とした不安をぬぐいさろう!
その先に「充実した人生」が待っている。

先延ばしにせず
すぐに動くことが
大切ですよ!

CONTENTS

生きていくために必要な フリーランスのお金の話
税金、年金、保険…ゼロからぜんぶ教えます！

1章 フリーランスになってはみたが…

2章 そもそも税金って何？

3章 やらなきゃダメなの？ 記帳業務

4章 最後の関門！ いざ確定申告へ

5章 将来を予測して、ライフプランを作ろう！

9章 生涯現役！ セルフプロデュースの話

COLUMN

CHARACTER

主な登場人物

妄想の世界の
小太郎老人

村雨小太郎（29）

職業 SE（システムエンジニア）。一念発起してフリーランスになって、2 年目。おちょうしもので、妄想癖がある。趣味はドライブ。

伊集院陽子（30）

小太郎の彼女。契約社員として働きながら、副業でイラストの仕事をする。ものおじしない性格。趣味はヨガ。

佐々木康之先生

愛称は
やっさん

フリーランスのための「みらいプランニング税理士事務所」を開設。税理士と FP(ファイナンシャルプランナー）の資格を持つ。

あくまくん

小太郎が不安な気持ちになると現れ、良からぬことを耳元でささやく、なぞの悪魔。

1章

フリーランスに なってはみたが…

　フリーランスになって2年目の小太郎は、将来の漠然とした不安におそわれます。フリーランスになったことは失敗だったのか？　フリーランスのメリットとデメリットを改めて確認するとともに、不安から解放される方法を探ります。

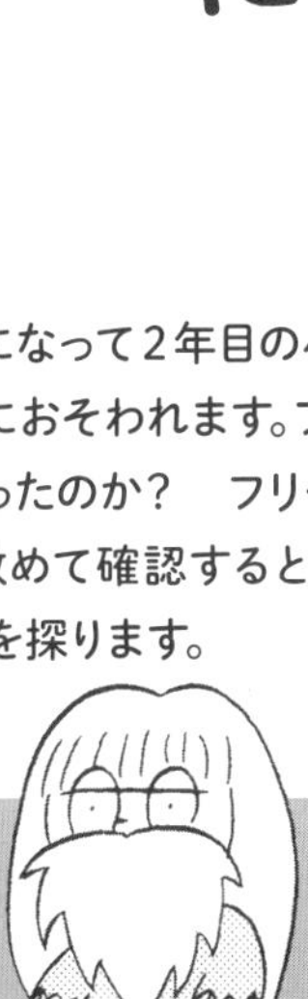

フー、
村雨小太郎(29)
フリーランスSE
一念発起してフリーランスになったけど
500万
600万！
前の会社にいたときの人脈で何とか仕事はもらえているし年収も少しだけど増えた
開業届も出してついに自由の身！
やりがいのある生活が待ってるぞー!!
とはいえ

仕事環境を整えるの お金かかったし…
在宅勤務で 光熱費も 上がって…
社会保険料は 全額自己負担に なった…
…あれ? ってことは もしかして、
福利厚生
雇用
社保
退職金
500万
会社員
600万
フリーランス
手取りは実質 下がってるって ことなんじゃ…
それだけじゃ ないぜっ
わ

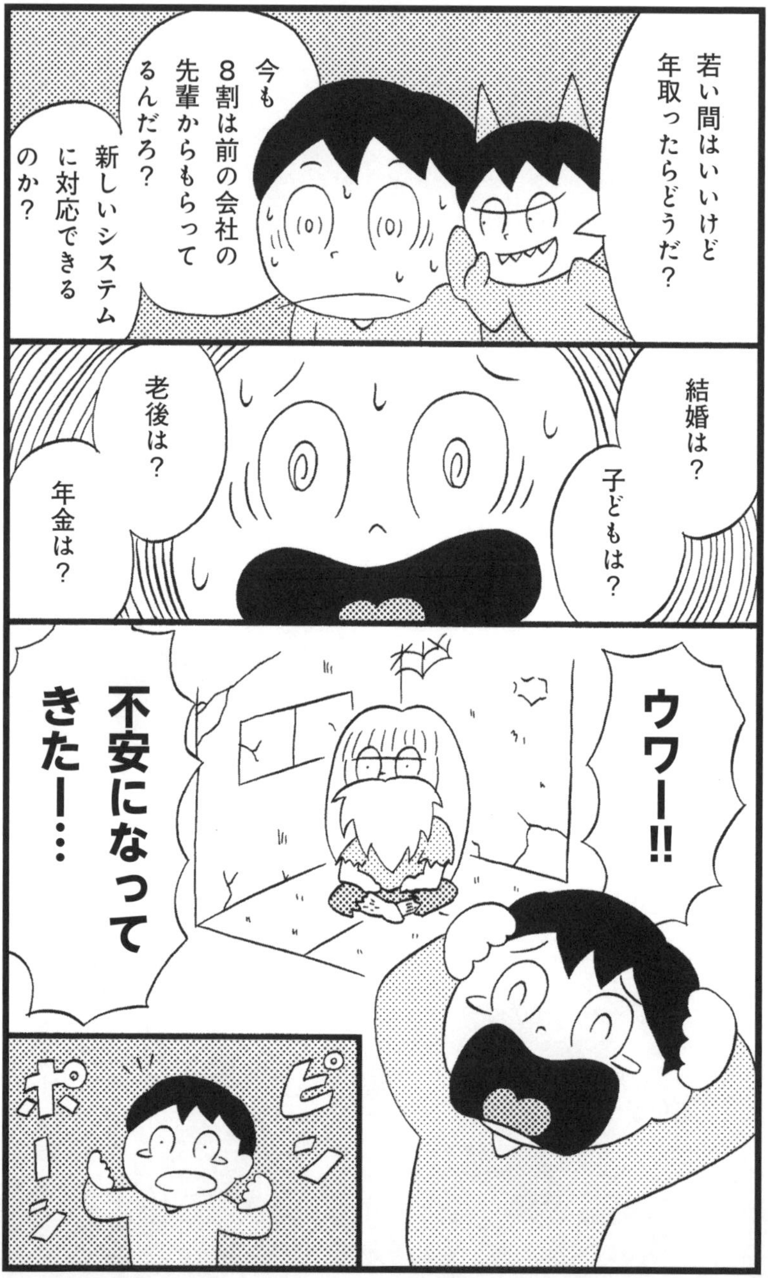
若い間はいいけど年取ったらどうだ？
今も8割は前の会社の先輩からもらってるんだろ？
新しいシステムに対応できるのか？
結婚は？
子どもは？
老後は？
年金は？
ウワー!!
不安になってきたー…
ピン
ポーン

ガチャ
はい～
あ…ヨーコちゃん
な～に一人で騒いでんの？
いや、別に…
丸聞こえ…
伊集院陽子（30）
契約社員・副業イラストレーター
今日、何かあったっけ？
税理士さんに会う約束でしょ？確定申告とかよく分からないって言ってたじゃん
あーあれね…
ん～別にもういいかな
多分何とかなると思うし
四の五の言わずに来なさいっ!!
わっ
わかった行くから放してぇー!!

サ店
ドキ
ドキ
あっ、やっさん！
こっちこっち
やっさんこと、税理士の佐々木康之先生
私のヨガ友
どうも佐々木です
あ 村雨です
思ってたより普通の人なんだな
ホッ

やっさんは元々フリーのライターをやっていたんだよ
その中でお金の知識の必要性を感じまして
フリーランス専門の税理士事務所を開設したんです!!
フリーのときは色々と苦労もありましたね〜
フリー時代
げっ
もうすぐ3月15日だ!!
3/10
領収書が大切なんだっけ?
わかんないけどとにかく終わらせなきゃ〜
集計〜!!
フー、何とか間に合ったぞ!!
一安心♡
税ム署
後日
高っ!!
こんなに払うの!?
トホホ…

仕事を断れなくて体調とかワークライフバランスがグチャグチャになったりもしましたね
今、朝？昼？夜？とにかく仕事じゃーい!!
でも一番は将来に不安を抱えていたことですかね
フリーランスはいつどうなるかわからないし
同じように仕事があるかわからない
あ!!
まさにソレです!!
考え始めると思いつめちゃってメンタルを病んだこともあるんですけど
同じ悩みを持つフリーランスの方の力になりたくて税理士の資格を取りました！
それでフリーランス専門の税理士に…
そっから

〈フリーランスのメリットとデメリット〉

メリット

・自分の能力を最大限に活かせる
・時間・場所・契約にとらわれない、多様で柔軟な働き方が可能になる
・ワークライフバランスを自分で調節できる

デメリット

・各種事務作業が発生する（特に確定申告！）
・保障がないため、病気になったら大変
・老後の心配がある。たよりは国民年金だけ

早くイラスト一本でやれたら良いんだけど、コンスタントに仕事もらえるかなぁ～家賃払えなくなったらどうしよう…再就職とか結構キツいだろうしな～…
フリーで食べていけるのかなぁ～将来の結婚とか子どものこととかも心配だ～！一家の大黒柱としての責任があるしな～!!
いったん不安にとらわれると悪いことにしか目がいかなくなります！
心理学でいう「認知のゆがみ」ですね!!
「認知のゆがみ」っ

認知の歪み
自分の置かれた状況を正しく見られないとネガティブな考えや感情が強化され不安がどんどんふくらみます!!
そっか、悪いところばかり見るから不安になるんだ
お金
老後
健康
etc…
俺なんて…
楽観的すぎるのも問題だけどね
だいじょーぶ だいじょーぶ
何とかなるサ!!
この悪循環から抜け出すには必要な知識を身に付けて認知の歪みを正すことが大切です
お金の知識がない ↓ 老後資金2000万円?! ↓ 何すれば良いの?
お金の知識がある ↓ 老後はこれくらい必要!! ↓ 対策を打つ!

確かに「損をしない」ための知識も必要ですが
不安を克服して充実した人生を送るためにこそ知識が必要なんです
そうは言ってもな…
だからそれを教えてもらおうってことでしょ!!
しっかり!
大丈夫!
私と一緒にお金や人生設計の知識を身に付けて、不安を撃退しましょう!!
オーッ!
よ〜し!!

COLUMN 1

フリーランスになったら開業時、最初にやるべきこと

フリーランスとして独立したら最初にやっておきたいことを紹介します。すでに開業した人でも見落としがないかチェックしましょう！

①税務署に書類を提出する

最低限出しておきたいのは「開業届」「青色申告承認申請書」の2つ。もし**開業届を出し忘れていても、特に罰則はありません。**確定申告のとき一緒に出せば大丈夫。ただし、**青色申告については前もって申請書を出さないと、4章で説明する特典を利用できません。**

もし従業員を雇う予定があれば「給与支払事務所の開設届出書」「源泉所得税の納期の特例の承認の申請書」「青色事業専従者給与に関する届出書」も提出します。

②自治体に書類を提出する

税務署と同じく、自治体（都道府県、市区町村）にも開業届などを提出します。しかし、**確定申告をすれば税務署から自治体にその内容が通知される**ので、届けを出さなくても特に不都合はありません。

③仕事用の口座やカードを用意する

仕事専用の銀行口座やクレジットカードを決めてください。**個人と事業の数字が混在すると、経理の作業が面倒**になります。また、税務調査を受けるときも印象が悪くなります。

まとめ

必要な書類を税務署に提出して仕事用の口座を用意する！

Freelance Money Talk

1章まとめ

フリーランスになる前もなった後も ずっと不安はつきまとう…。

食べていけるのか…
家族は養えるか…
老後は大丈夫か？…など

本当に、フリーになって良かったのかなぁ…

将来を考えるのは良いが、悪い方向に考えすぎるのは良くない。
客観的に良い面と悪い面を見てみよう！

フリーランスの悪い面

事務作業が面倒（特に確定申告）
保障がない（病気、収入など）
国民年金だけでは老後が不安…
など

フリーランスの良い面

能力を最大限活かせる
時間・場所は自由
ワークライフバランスを調整できる など

悪い面を
不安に感じない
ためには…

情報を知っておくだけでも不安は減るよね！

正しい知識や情報をもとに、客観的に判断しましょう！自分だけで思いつめないように注意！

ここをめざそう！

お金や人生設計の知識で 不安を解消しよう！

➡ 2章へ！

2章

そもそも税金って何？

　前年のいいかげんな確定申告のせいで、住民税、健康保険、年金と、多額の税金と社会保険料を支払うことになってしまった小太郎。一度は、国外逃亡をくわだてますが、思い直して、税金について一から学ぶことを決意します。

う〜む…
納付書か〜 色々来てるなー
「年金」19万8480円
「住民税」23万6000円
「国保」36万円
俺は、税金払うために生きとるわけじゃないぞーー!
ドーーン
こんな国、今すぐ、出てってやるーー!!

これぞフリーランスの極みよ…
税金を払うこともないしね

数日後
ビュウウ。。
す すごい雨風…!!
台風だ…!
うわわわわー!!
バキ
バキ
いっ、家がー!
数日後
う…お腹が…
イタタタタタ

数日後
ゲッソリ
オイ
今日からこの島は俺たちのものだ!!
そんな〜
ひぇ〜!! 誰も助けてくれないよォ〜!!
警察
消防
救急

ハッ
無政府状態の無人島より
ゴーッ
こっちの生活の方が良いな
でもこっちはこっちでやることがいっぱいだ！
まいったナ
税金も社会保険も今までは全部会社に任せてたからな～
あ！つながった？
聞こえてるー？

つながってるよー
今日は税金の話だっけ？
先生にいっぱい質問するぞ！
快適な生活のためにも…
急にすごいヤル気だね…何かあったの？
いや～税金は大切なもんなんだよー
なーんか人変わってない？
頭打った？
打ってないよ!!
こんにちは！お待たせしました
やっさん！
こんにちは！
今日はフリーランスに欠かせない税金の話です!!

〈フリーランスの主な税金の種類〉

	課税対象	種別	概要
所得税	すべての所得	国税	個人が1年間かけて稼いだ所得にかかる
住民税	すべての所得	地方税	所得税の地方版。自治体（都道府県、市区町村）に納める
事業税	事業所得	地方税	事業をする人のみ自治体に対して支払う
償却資産税	事業用資産	地方税	事業用の資産を一定以上保有する人が支払う
消費税	売上	国税/地方税	売上が1000万円超の場合、売上に応じて支払う

所得税
ズバリ！所得税は個人が1年で稼いだお金（所得）にかかる税金です！
ここで押さえておきたいのは「収入」と「所得」の違いです
一緒じゃないの？
収入と所得の違い？
一緒じゃないんです！
会社員だとこの違いを意識することないですよね
収入（売上）
経費
所得控除
所得（利益）
所得税はここにかかる！
所得税は収入にそのままかかるんじゃないんだ！利益にかかるのね
業種で仕入れや経費の額が違って不公平になるからです
家族構成でも税額は変わりますよ！家族が多いと「所得控除」が増えますからね

あー、ショトクコウジョね!!　はいはい
所得控除ってなんだ…？（P106参照）
儲かっている人ほどたくさん税金を払うんだよね？
たしか…

そうですね！所得が多い人ほど税率が高くなります
こんなに!!

所得税の税率

課税される所得金額	税率	控除額
195万円以下	5%	0円
195万円超330万円以下	10%	9万7,500円
330万円超695万円以下	20%	42万7,500円
695万円超900万円以下	23%	63万6,000円
900万円超1,800万円以下	33%	153万6,000円
1,800万円超4,000万円以下	40%	279万6,000円
4,000万円超	45%	479万6,000円

…えっ!?　330万円を超えたら税率が倍!?
じゃあ331万円とか大損じゃん!!
小太郎の想像
所得金額
330万円←税率10%
→33万円の税金？
▼1万円所得が増えると…
所得金額
331万円←税率20%
→66万2,000円の税金？

ここは、かん違いしやすいとこなんですが
所得が税率の壁を超えたときは超えた分にだけ高い税率がかかるんです！
超えた瞬間大損ということはありませんよ！
税率の壁!?
…って何ゾ？

これが「税率の壁」！

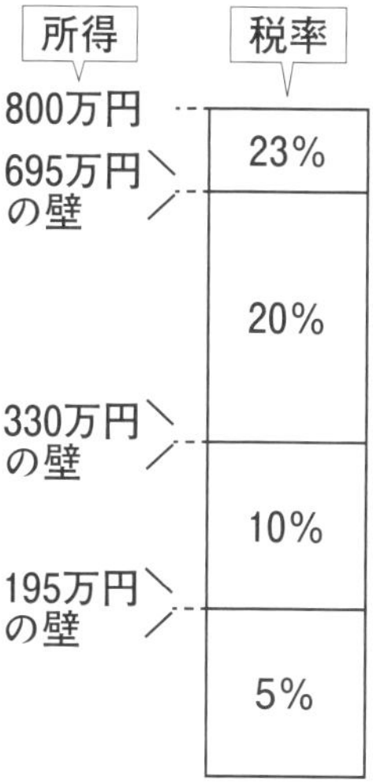
所得
税率
800万円
695万円の壁
330万円の壁
195万円の壁
23%
20%
10%
5%

＜所得が800万円の人の場合＞

195万円までは5%
330万円までが10%
695万円までが20%
695万円以降が23%
の税率がかかる。

＜所得800万円にかかる税金＞

195万円 × 5%＝ 9万7,500円
（330万円－195万円）×10%＝13万5,000円
（695万円－330万円）×20%＝73万円
（800万円－695万円）×23%＝24万1,500円

すべて足すと
総額 120万4,000円の税金

このようなしくみを「超過累進税率《ちょうかるいしんぜいりつ》」といいます
なるほど、よくできているね

P32の表の税率と控除額を利用すれば1つの計算式で簡単に納税額が算出できます！
＜所得が800万円なら＞
800万円×23%
−63万6000円
＝120万4000円
こりゃカンタンだ
仮に、所得が1億円だったとしたら所得税は4000万円くらいですね※
いや〜、プロ野球選手にならなくて良かった〜!!
あんた帰宅部だったじゃん

※この他に「復興特別所得税」がかかる。東日本大震災の復興財源を確保するためのもので、2037年まで所得税額の2.1%を所得税とあわせて納税する。

このように
所得と税額を計算して
税務署に報告するのが
確定申告です
出た!!
確定申告!!
確定申告
こいつが
ラスボスだ!!
期限は3月15日
振り込まれた報酬の金額が
少し減っていませんか？
これが源泉徴収です！
報酬にかかる所得税を
事業者があらかじめ引いて
国に納めるしくみです※
※原則10.21％
差し引かれる
あれ？
確かに…
10万円の仕事で9万円
くらいだったなぁ～
確定申告で戻って来るの？
そう！
源泉徴収で
先払いした税額が
確定申告で
計算した税額より
多ければその差額が
戻ってくる（還付される）
んですよね！
だから
確定申告は
とっても大事!!
差額
所得税
経費
所得控除
所得
源泉徴収
収入

…あれ？ 俺は請求額がそのまま 振り込まれているけど？
SEやプログラマーに支払う報酬は 源泉徴収しなくてもいいと 法律で決まっているからです
報酬の内容で源泉徴収されるかが 変わるので、小太郎さんは 赤字にならない限りは 後で所得税を納めることになりますね
引き忘れ？
問題なしです!!
確定申告で税金が 戻ってくる人も いるのに 何かズルくない？
戻ってくる人
と
払うのが 先か後かだけの 違いですよ
何か気分的に 損した感じ～…
結局 払わにゃならんのよ。 損得なし…

COLUMN 2

稼いでも、もらっても、拾っても お金やモノには税金がかかる？

お金の出入りがあったら、何らかの税金がかかるものだと思っておいた方がいいです。お金を稼いだら「所得税」、もらったら「贈与税」がかかります。

じゃあ、**拾ったお金はどうなると思いますか？**

所得税では、個人が受け取った「経済的利益」のすべてが課税対象です。給料や報酬はもちろん、拾ったお金にも所得税がかかります。本当なら確定申告をして、その分の税金を払わなければなりません（ただし、拾ったお金などの一時所得は50万円を超えた部分のみ課税）。

経済的利益に課税されるということは、金銭だけではなく、モノやサービス、権利などにも税金がかかるということです。たとえば、お店が発行するポイントも経済的利益のひとつですから、確定申告のときに計算に含めるのが原則です。もしポイントに税金がかからないなら、給料や報酬をすべてポイントで受け取るようにすれば税金を払わないですみますよね。

少額であればたいした問題にはなりませんが、**100万円を超えるような大きい金額のときは注意が必要**です。後で税金の支払いに困らないように、税務署や税理士に確認することをおすすめします。

まとめ

あらゆる利益に税金がかかるので
大きなお金が動いたら専門家に相談！

住民税
住民税は自分の住んでいる自治体（都道府県、市区町村）に支払う税金です
公務員の給料もここからか、、
ゴミ
道路
図書館
主に自治体の住民サービスに使われます！
図書館はよく使う～
学校
住民税も所得税と同じように所得に対してかかる税金ですが**税率は原則10％**で固定されています
さらに均等割《きんとうわり》として全員一律で4000円上乗せされます※
4000円
住民税
丸ごと!?
しかも、所得税みたいに源泉徴収されないから還付もないし丸ごと支払います

※2014年から2023年までは東日本大震災の復興財源に充てるため、均等割が5,000円に増額されている。

住民税の申告ってどうするの？
所得税の確定申告をすると、その情報が自治体に伝わるので別に申告の必要はありません！
前年の所得から自治体が税額を計算して、6月ころに通知書が来ます！6・8・10・翌1月の4回払いです
？
今払っているのは**去年の所得にかかる住民税**ってこと!?
そう！
引退したプロ野球選手で翌年に高額納税の通知書が忘れたころにやって来た…なんて話もありますしね…
こんなに!?
フリーランスも同じ！確定申告が終わったからと油断してはいけません～
高給取りの運命…

個人事業税
個人事業税は事業の種類によって都道府県に支払う税金です
事業所得が290万円を超えると超えた金額に対してその事業の種類によって3～5%の税金がかかります※
覚えておきましょう!!
290万円がボーダーライン！
290万円
個人事業税も申告は不要です！自治体から通知書が8月ころに届きます
納期は8月と11月の2回に分けて納付可能ですよ
これも所得の大きさで、税率が変わるんですか？

※所得税・住民税はすべての所得（84Pのコラム参照）が課税対象となるが、個人事業税は事業から得られた所得のみが対象となる。

いえ、税率は業種で異なります！Ｐ43の表を見てください!!
イラストレーターは、デザイン業として事業税が５％かかります！
デザイン業
5%!
うわっ！しかも一番高い５％!?
画家や漫画家など芸術にかかわる仕事は表にないですよね〜
その場合には事業税がかかることはありません
その境目は何なの？やっさん!?
えーと…
明確な基準があるわけではなくて、独自性や芸術性の有無で変わってくるのかなと…

つまり、芸術性が必要ってことね? 私のイラストは芸術よ、やっさん! マンガもたまに描くしね
なんか、急にアーティストぶってるんですケド…
ここは正直、自治体の担当者で判断が変わりますね… 担当者から問い合わせの電話がくることもありますし… まぁ、ご自身でそう判断するなら、申告の際に特記欄に事業の具体的な内容を書き添えておくといいでしょう
アーティストですけど?
ハイハイ

〈個人事業税の業種別税率一覧〉

区分	税率	事業の種類			
第1種事業（37業種）	5%	物品販売業	運送取扱業	料理店業	遊覧所業
		保険業	船舶定係場業	飲食店業	商品取引業
		金銭貸付業	倉庫業	周旋業	不動産売買業
		物品貸付業	駐車場業	代理業	広告業
		不動産貸付業	請負業	仲立業	興信所業
		製造業	印刷業	問屋業	案内業
		電気供給業	出版業	両替業	冠婚葬祭業
		土石採取業	写真業	公衆浴場業（むし風呂等）	―
		電気通信事業	席貸業	演劇興行業	―
		運送業	旅館業	遊技場業	―
第2種事業（3業種）	4%	畜産業	水産業	薪炭製造業	―
第3種事業（30業種）	5%	医業	公証人業	設計監督者業	公衆浴場業（銭湯）
		歯科医業	弁理士業	不動産鑑定業	歯科衛生士業
		薬剤師業	税理士業	デザイン業	歯科技工士業
		獣医業	公認会計士業	諸芸師匠業	測量士業
		弁護士業	計理士業	理容業	土地家屋調査士業
		司法書士業	社会保険労務士業	美容業	海事代理士業
		行政書士業	コンサルタント業	クリーニング業	印刷製版業
	3%	あんま・マッサージ又は指圧・はり・きゅう・柔道整復・その他の医業に類する事業			装蹄師業

※1　陽子さんの場合なら、芸術性が高い仕事と広告の仕事を区分して、芸術性が高い部分については非課税所得としてその金額を書き添えておくという手もある。

※2　SEの小太郎さんの場合、上記の法定業種に該当しないので事業税はかからない。
ただし、契約の内容によって「請負業（上記）」として課税されることがある。

償却資産税※1
事業用の器具や備品などの資産にかかる税金で市区町村が徴収します
ただし、評価額の合計※2が150万円未満だと課税されません
じゃあ私たちにはあまり関係ない？
150万…
そうですね～たとえば、飲食店の内装なんかでかかる税金ですね
SEだとパソコンくらいだからなー
テーブル
キッチン
あ、でも仕事用に車を買ったら超えるかな？
車は自動車税がかかるので、償却資産税の対象外ですよ不動産も同様です
対象になる例
看板、特殊器械、駐車設備、ヘリコプター、船など
償却資産税は毎年1月31日までに申告書を提出しますすると自治体が税額を計算して6月ころに通知書が送られてきます
6月、9月、12月、翌2月の4回に分けて納めます
6 9 12 2

※1　償却資産税は通称で、固定資産税のひとつ。不動産の固定資産税と区別するためこの用語が使われる。　※2　購入金額に年数を考慮した金額。

消費税
えっ⁉ 消費税って買い物のときにかかる税金でしょ⁉
本体価格100円＋消費税10円
コーヒー
どぉどぉ
お店がお客さんから消費税分を預かって、税務署に納めますよね？それと同じことなんです
陽子さんが受け取るイラスト代には消費税が含まれていて、売上金額に応じて納税するんです※
何か損した気分…
所得税も住民税も払って、さらに消費税も…
※たとえ取引先に消費税を請求していなくても、売上には消費税分の金額が含まれているものとして扱われます。
消費税
ギャラ
色んなやつに狙われている気分だ…
売上
所得

ただし！消費税は条件に合う人だけが納税します！
条件？
それは…
売上が、1000万円を超えていること!!
1000万円！
…あれ？
な〜んだ
俺らには関係ないじゃないですか
しら〜
いやいや…今後のお二人には大いに関係のあることではないですか〜
あ、そぉ？
先生ってば口が上手いんだもんなぁ
イヨッ
売れっ子!!

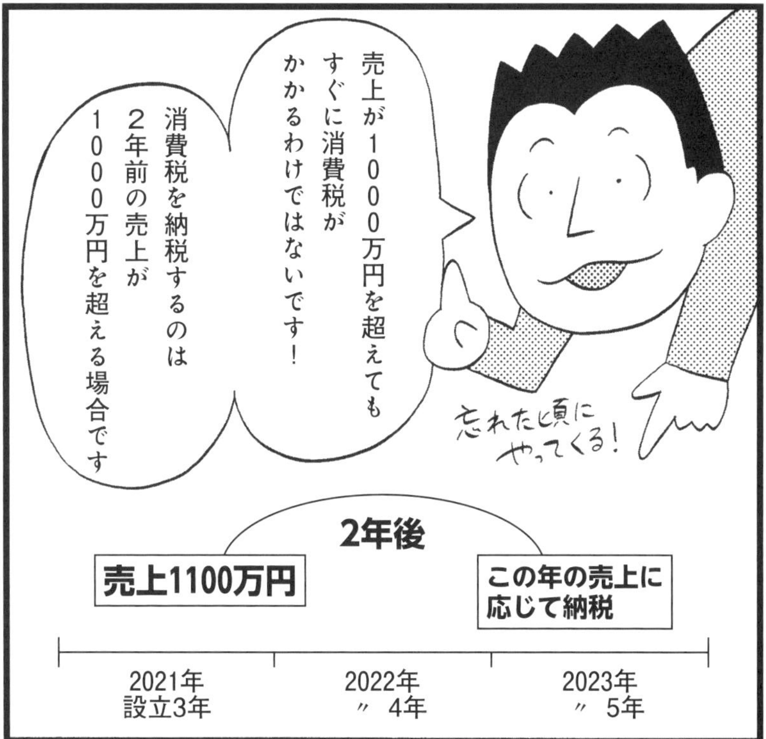
売上が1000万円を超えても
すぐに消費税が
かかるわけではないです！
消費税を納税するのは
2年前の売上が
1000万円を超える場合です
忘れた頃にやってくる！
2年後
売上1100万円
この年の売上に応じて納税
2021年 設立3年
2022年 〃 4年
2023年 〃 5年

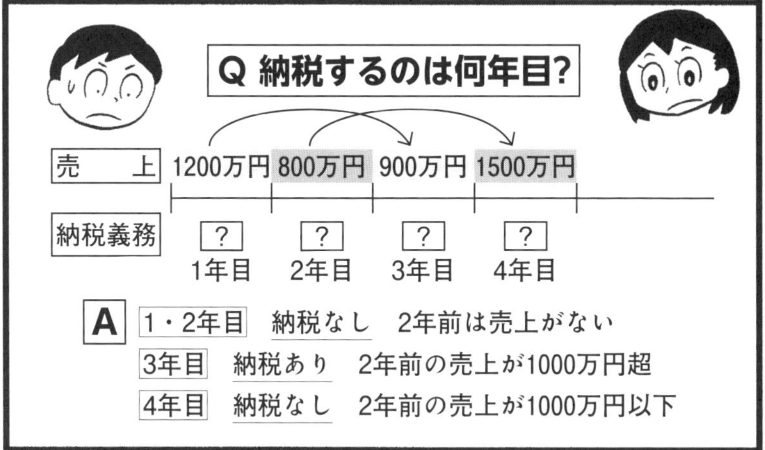
Q 納税するのは何年目？
売上
1200万円 800万円 900万円 1500万円
納税義務
？ ？ ？ ？
1年目 2年目 3年目 4年目
A
1・2年目 納税なし 2年前は売上がない
3年目 納税あり 2年前の売上が1000万円超
4年目 納税なし 2年前の売上が1000万円以下

※1〜6月の売上が1000万円を超える場合など、開業初年度から消費税の納税義務が発生することがある。

早く消費税を払うくらいまでになりたいなぁ…
…あ！
でも、1100万円売上げたら、110万円の消費税を払わなきゃいけないんですか？
ハッ
1100万×10%
=110万？
消費税は売上と仕入・経費の差額にかかるのでそんなには払いませんよ！
計算が複雑ですが普通は50万円くらいになりますかね
その対策として…
売上が1000万円を超えるとみんな会社を作るんです
納税義務の判定は2年前の売上を見るから…
会社を作ってから
2年間は消費税の納税義務がない!!
会社
俺も作ろーかな
消費税の申告書は所得税と別に作る必要があります※
申告と納税の期限は3月31日です
忘れずにー！

※消費税の計算における売上、仕入、経費の金額は、所得税や住民税のものと範囲が異なる。そのため、事業所得が赤字であっても消費税の納税が必要なことがある。

＼社会保険料についても知ろう！／

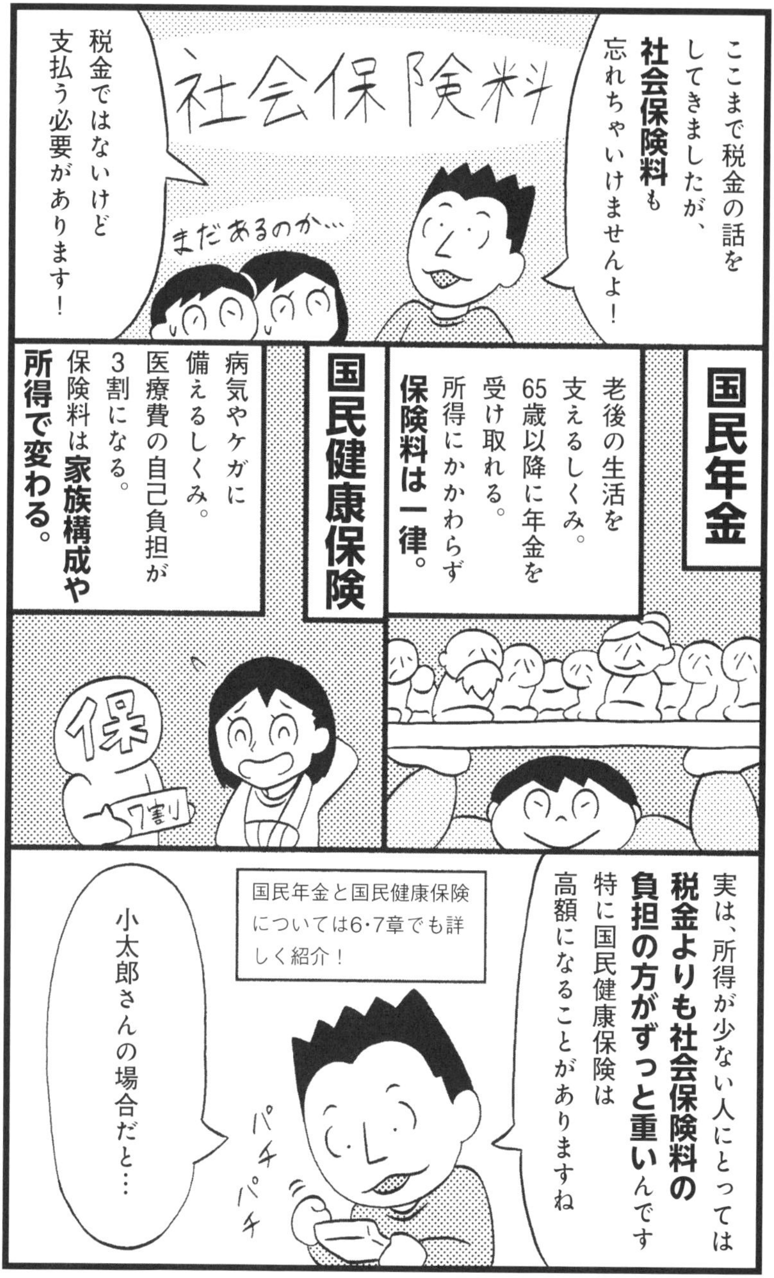
ここまで税金の話をしてきましたが、**社会保険料**も忘れちゃいけませんよ！
社会保険料
まだあるのか…
税金ではないけど支払う必要があります！
国民年金
老後の生活を支えるしくみ。65歳以降に年金を受け取れる。所得にかかわらず**保険料は一律。**
国民健康保険
病気やケガに備えるしくみ。医療費の自己負担が3割になる。保険料は**家族構成や所得で変わる。**
保
7割
実は、所得が少ない人にとっては**税金よりも社会保険料の負担の方がずっと重い**んです
特に国民健康保険は高額になることがありますね
国民年金と国民健康保険については6・7章でも詳しく紹介！
パチパチ
小太郎さんの場合だと…

バン
売上 600万円　事業所得 480万円（経費率20%）
家族なし　という条件で計算すると…
所得税 28万円　住民税 36万円
国民年金 20万円　国民健康保険※1 55万円
国民年金は定額ですが国民健康保険は所得に応じて決まります！
白い…
なので領収書はちゃんと取っておきましょう！
（P161参照）
確定申告で出した所得って国民健康保険にも関係するんだね
その通り!!
領収書をちゃんと取っておき、経費を引いて、確定申告しておかないと所得税、住民税、国民健康保険など、すべての金額が上がります！
絶対やらなきゃー!!
ちゃんとやらねーとこうだ
確
確定申告の重いパンチ!!

※国民健康保険の保険料は、住んでいる自治体ごとに計算方法が異なるため、支払額も違ってくる。

〈申告と納付の年間スケジュール〉

	1月	2月	3月	4月	5月	6月	7月	8月	9月	10月	11月	12月
所得税			申告 3/15 納付 3/15				予定納税 7/31				予定納税 11/30	
住民税	納付 1/31					通知書 6月頃 納付 6/30		納付 8/31		納付 10/31		
個人事業税								通知書 8月頃 納付 8/31			納付 11/30	
償却資産税	申告 1/31	納付 2月末				通知書 6月頃 納付 6/30			納付 9/30			納付 12/31
消費税			申告 3/31 納付 3/31					中間納付 8/31				
国民健康保険	納付 6月から翌3月まで毎月末					通知書 6月頃 納付 6月から翌3月まで毎月末						

※所得税の予定納税、消費税の中間納付は、納税額が多い人のみ納付義務がある。

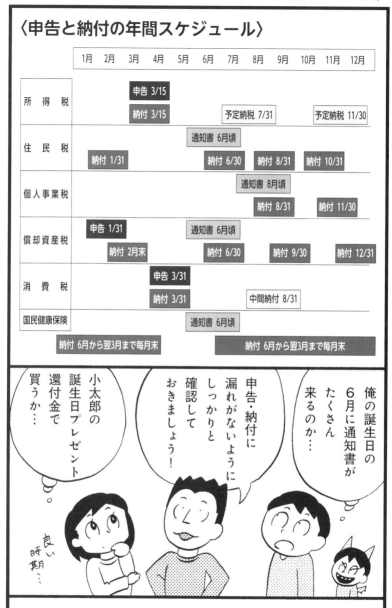

COLUMN 3

税額が大きな金額に…　税金を払わないとどうなる？

1年が終わって税金を計算してみると、ビックリするほど大きな金額に。すると「**申告・納税から逃げ切れないか**」と悪魔のささやきが聞こえてくるかもしれません。結論から言えば、きちんと期限までに申告・納税をしてください。遅れたら遅れただけ傷口は広がっていきます。

所得税の申告・納税の期限は3月15日。期限までに税金を払わなければ、遅れた分だけ利息がかかります（延滞税）。しかも**延滞税の割合は年8・9％という高さ**です（2020年の場合）。

ずっと払わずに放置するとどうなるでしょうか。まずは税務署から督促状が送られてきます。それも無視し続けると、差し押さえを受けることになります。経験者の話によれば、**銀行口座から税金が強制徴収されることもある**ようです。銀行で記帳したら、通帳に「サシオサエ」の文字があって初めて気付いたとか……。

普通は差し押さえなどの強制執行には裁判所の許可が必要ですが、税務署には裁判所を通すことなく強制執行を行なう権限が与えられています。さらに**自己破産しても滞納税金は免責されない**ので、最後まで税金の支払い義務は残ります。もし払うことができないなら、納付猶予の制度もあるので税務署に相談してください。

「申告をしないで黙っておけば税務署にバレないんじゃないか」「少額なら分からないじゃないか」と考えるかもしれませんが、これも危険です。**税務署の情報収集能力をなめてはいけません。**

〈延滞税の割合（2018～20年)〉

本来納付すべき税額に以下の割合をかけた金額を追加で支払う必要がある。
納期限から2ヵ月まで…年2.6%　　納期限から2ヵ月以降…年8.9%

〈加算税の割合〉

	概要	割合
無申告加算税	期限後に申告した場合、無申告だった場合に、納付すべきだった税額に右の割合を掛けた金額を追加で納める。	5%～（自主的に申告したとき）
		15%～（税務調査を受けたとき）
過少申告加算税	期限内申告の税額が少なく計算されていた場合、納付すべきだった税額との差額に右の割合を掛ける。	0%～（自主的に申告したとき）
		10%～（税務調査を受けたとき）
重加算税	売上除外や架空経費など悪質な行為があった場合、無申告加算税や過少申告加算税に代えて適用される。	35%～(過少申告加算税に代えて）
		40%～（無申告加算税に代えて）

※過去5年以内に加算税を課された場合、申告もれの税額が多い場合などは、割合が加算されることがある。

期限までに申告をしないと「無申告加算税」という罰金を追加で支払わなければなりません。**自主的に申告したときは5%、調査を受けて申告したときは15%が加算**されます。期限に遅れた分の延滞税もかかるので、本来払うべき税金より余計に徴収されることになるのです。

悪意があったわけではなく、忙しさから無申告のまま放置してしまったところ、税務署から問い合わせがあって、過去5年分の申告をまとめてすることになった人もいます。そうすると、所得税だけでなく、住民税や国民健康保険なども発生するので、トータルで百万円を超える支払いになったとか……。

最終的には払わなければならないものであれば、**期限通りに申告・納税するのがベスト**です。

まとめ

税金から逃げ切るのは困難！傷口が広がる前に申告・納税しよう

COLUMN 4

会社員であっても確定申告をした方が良いことも？

会社員の場合、税金は給料から天引き（源泉徴収）されるため、自分が税金をいくら払っているか知らない人も多いですよね。これは従業員に代わって会社が税金の計算を行ない、天引き（源泉徴収）した税金を税務署に納めているため。毎月の給料からは大まかな税金を徴収しておき、12月に正確な金額を計算して精算します（これが年末調整）。たいていは1～11月の給料から徴収した額が多すぎるため、それが12月に戻ってきます。**年末調整はボーナスのように思われがちですが、単に払いすぎが戻ってきただけ**です。

　源泉徴収と年末調整によって、会社員は原則として確定申告が不要になっているため、「国民に税金を意識させないための愚民化政策だ」みたいに批判されることがあります。しかし、イギリスやドイツ、韓国なども同様に申告不要となっていて、日本だけの特殊な制度ではありません。ただ、**個人的には年末調整は廃止した方がいいと思っています**。税額を計算するためには**個人情報を会社に報告しなければならない**ためです。どんな生命保険に入っているかとか、離婚したとか、子どもがいい歳なのに無収入だとか…、個人情報筒抜けです。**プライバシーの観点**から問題があると思いませんか？

　さて、**会社員であっても確定申告が必要な場合**があります。まずは、**副業の所得が20万円を超えるとき**。このケースは誤解されることが多

〈会社員でも確定申告が必要なその他のケース〉

⑴　複数の会社から給料をもらっているとき
それぞれの会社から源泉徴収票をもらって、そこに記載された金額をもとに申告を行います。

⑵　給与収入（税引前）が 2000 万円を超えるとき
2000 万円を超える人は会社で年末調整が行われず、自分で確定申告をする必要があります。

⑶　不動産（土地、建物）を売却したとき
売却益があるときに申告するのは当然ですが、損失が出たときも申告すると有利になることがあります。不動産には多くの特例があるので、売却時は税理士に相談することをおすすめします。

⑷　医療費控除や寄付金控除などを受けるとき
医療費を 10 万円以上（所得 200 万円未満の人は所得の５％以上）払ったときや、ふるさと納税などを行ったときは、税金が安くなりますが、自分で申告をする必要があります。

いので詳しく見てみましょう。

20万円というのは**「収入」ではなく「所得」です。**たとえ売上が何百万円あっても、儲けが20万円以下であれば申告の必要はありません。ただし、税務署から問い合わせがあったときに備え、領収書などの資料は保管しておきましょう。副業の所得が赤字の場合、申告をすることで源泉徴収されていた所得税が戻ってきます（Ｐ１０３参照）ので、申告の義務はありませんが、申告すべきです。

20万円以下は申告不要というのは、年末調整を受けた会社員だけの特例です。会社勤めではないフリーランスが事業を行なっているとき、会社員であっても確定申告を行なうときは、所得20万円以下でも申告が必要です。

他にも、確定申告が必要な場合もあるのでチェックしましょう（上表）。

まとめ

基本、副業していたら確定申告！
その他のケースも要チェック！

Freelance Money Talk

2章まとめ

税金を軽んじると
手痛いしっぺ返しをくらう！

税金はたくさんの種類があり、制度も複雑…でも最低限の知識は持っておきたい！

めんどくさ～い！
あの領収書
どこいった…

1年に1度の「確定申告」で、納める税金額が決まる。フリーランスは、その作業を自分自身でやる必要がある。

てきとうに確定申告の準備を進める…

←

税金や社会保険料の金額がアップ…

↓

実質、収入ダウン！

だから、領収書や納付書は取っておかないとダメだね！
仕事でかかった経費などを計上すれば、払う税金額や社会保険料を減らすことができます！
進化した会計ソフトがサポートしてくれるよ

そうならないために

確定申告のための準備作業
「記帳業務」をしっかり学ぶ！

→ 3章へ！

3章

やらなきゃダメなの？ 記帳業務

「記帳業務なんて、まっぴらごめん」と思っていた小太郎は、税金や社会保険料の支払額を減らす鍵が記帳業務にあると知り、しぶしぶ取り組むことに。作業を大幅に効率化してくれる心強い味方、「クラウド会計サービス」と出会います！

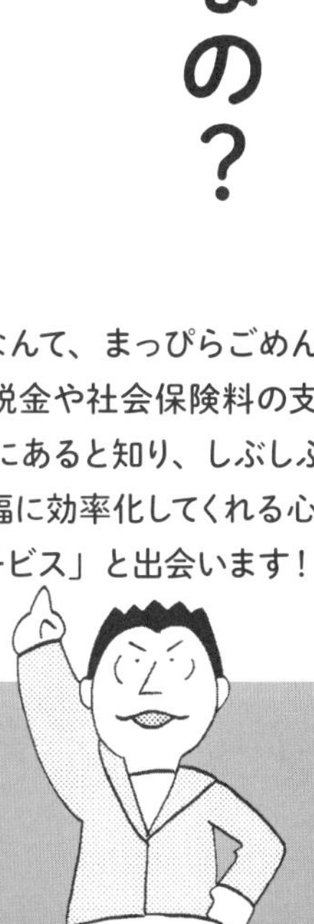

最近お野菜高いわねー
ホント、節約しないとねぇ
節約かぁ考えたこともないや
家計簿つけてないの？
つけてないから月にどれくらい使ってるのかよくわかんないんだよね！
貯金が増えないのもそのせいかな？
いきなり英会話を習いだす。（すぐ辞める）
ABC~
衝動買い
目に浮かぶ…

将来のこと あんまり 考えてない でしょ？
そんなこと ないって!!
みらいプランニング 税理士事務所
今日は確定申告に向けて…
記帳
「**記帳**」について説明していきます！
よろしくお願いします!!
記帳とは**売上や経費の金額を記録する作業**のこと
まあ、家計簿をつけるようなものですね

生まれてこの方
会計の類は
ずっと避けて
生きてきた
もんで…
こづかい帳すら…
大丈夫!!
ゼロから
教えていきます!!
B社
A社
C社
まずは
収入(売上)は
稼いだ
お金ですね
交通費
備品
そして、経費
収入を得るために
使ったお金です
打ち合わせ

こうして1年間記帳をして、売上から経費の金額を引けば所得金額が計算できます
売上500万円
経費150万円
所得350万円
売上から経費を引いた額
ホー
ここで問題です
なぜ、所得金額を出す必要があるのでしょうか？
税金クイズ！
雑だな…
ピンポン
えと…
所得金額から税金とかを割り出すため…ですよね!?
正解!!
所得税、住民税、国民健康保険を割り出すためです!!
スバラシイ!!

源泉徴収税として前払いしている税金も払いすぎた分は戻ってくるんだよね？
源泉徴収
会社
ギャラ
そう！
記帳は、確定申告のための準備作業と言えます！やらないと前進できません！
記帳をスムーズに進めるためのポイントは3つ！
ゼロから分かる
記帳講座
① 使いやすい「会計ソフト」を用意する
② 「売上」をもれなく入力する
③ 「経費」をもれなく入力する
俺にできるかナ…
それぞれ見ていきましょう！

① 何はなくとも「会計ソフト」を用意する
どんなのが良いんですか？
フリーソフトから販売されているものまで色々ですが…
今人気なのは「クラウド型」ですね!!
クラウドって何なのかよく分かってないんだよね…
クラウドは、インターネット上で利用できるサービスですブラウザでサイトにつないで使います
cloud＝雲？
インターネット上
収入データ
経費データ
etc...
ネット環境があればどこでも使えてデータ自体がネット上にあるからパソコンが壊れても大丈夫!!

そういえば、会社の経理の人が会計のルールが変わるたびにソフトを買い替えないとダメだって言ってたな〜
クラウド型ならパソコンにソフトを入れなくていいし常に最新版を使えますね
なるほど!!
最近のクラウド会計サービスは、ネット経由で銀行口座やクレジットカードの明細を取り込んで**記帳を自動化できるんです**!
CARD
○○銀行
会計ソフト WEB
申告書
さらに、**確定申告の際に出す申告書も作成できます**
未来だ…
税理士いらず…

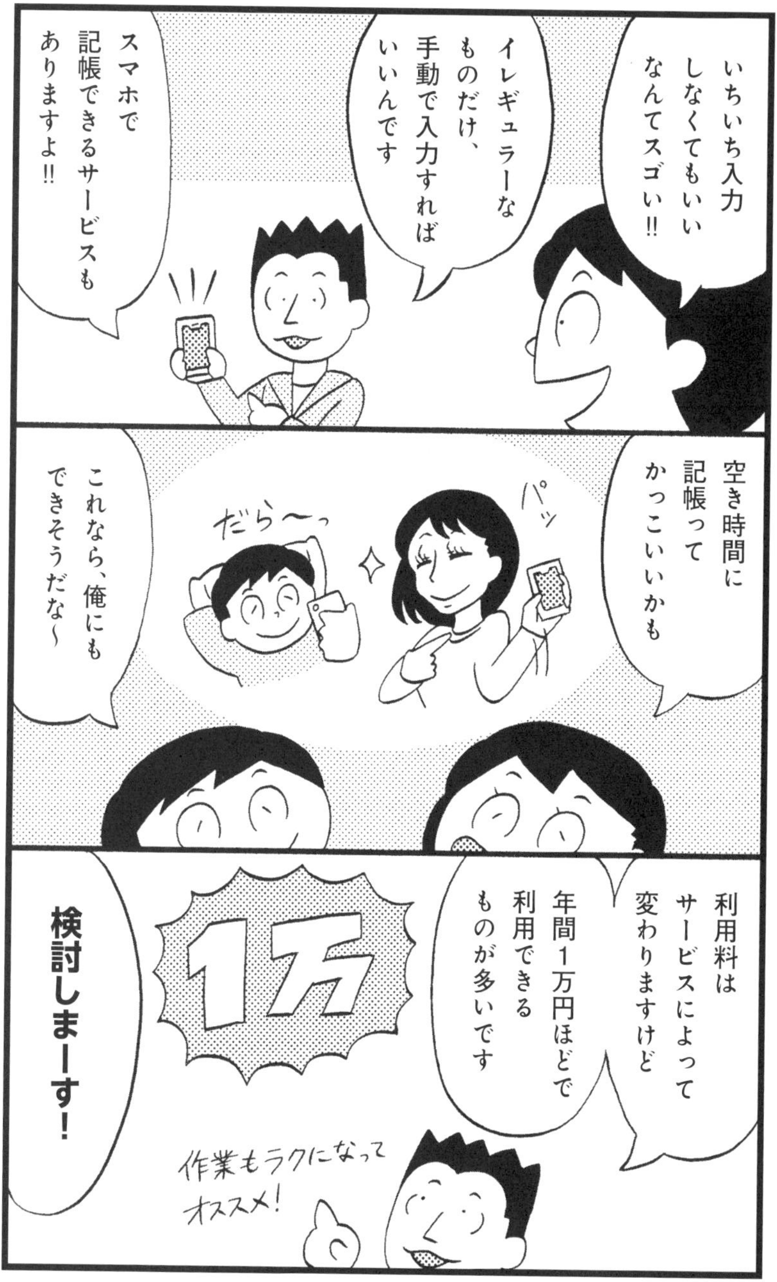
いちいち入力しなくてもいいなんてスゴい!!
イレギュラーなものだけ、手動で入力すればいいんです
スマホで記帳できるサービスもありますよ!!
空き時間に記帳ってかっこいいかも
パッ
だら〜っ
これなら、俺にもできそうだな〜
利用料はサービスによって変わりますけど年間1万円ほどで利用できるものが多いです
1万
検討しまーす!
作業もラクになってオススメ!

②儲け額を全部足して「売上」を集計する
まず売上（収入）を集計しないと、所得金額が算出できませんからね！
仕事の報酬金額を入力していくんだよね!?
はい!! 仕事に関連した収入はすべてです
カタ
カタ
たとえば、ヨガのインストラクターが友人に指導したお礼金なども含まれます
え？ じゃあ私が友だちに似顔絵を描いてご飯をおごってもらったら？
モノやサービスでも売上になりますよ!!
そうしないと、「お金でもらうと税金がかかるから、代わりに金の延べ棒でちょうだい」なんてことになりかねませんからね
これ？
ただの延べ棒でっせ
ナルホド

じゃあ、ランチ代700円を売上として入力するってこと？
そもそも友だちの似顔絵を描くことが仕事なのかそこで判断が分かれますね
そのくらいだったら仕事とはいえないから売上に含めなくても大丈夫だと思います
出資している友だちのITベンチャーが上場して値上がりした株の利益とかは？
無視していいです
出資なんか
してないクセに
注意したいのが、**入力する収入は、仕事に関するものだけ**！
株で利益が出たら税金はかかりますが、仕事とは無関係なので入力しません
事業所得はP84参照!!
入力するのは事業所得の計算に必要な数字のみです

本業（契約社員）の給料も、イラストの仕事じゃないから入力しないんだね
契約社員！
そう！ 給与所得はいれません！ 入力するのは副業の収入だけ！
陽子さんの場合、銀行に振り込まれる報酬は源泉徴収されていますよね
入力するのは源泉徴収される前の金額なので注意しましょう
源泉徴収税
振込額
合わせた金額が売上
入金された金額をそのまま入力すると、売上を少なく計上することになりますから！
源泉徴収の金額はどうやって確認すればいい？
支払調書をもらっていませんか？ 本来の売上金額と源泉徴収した税額が書かれているはず！
分からないときは発注元に確認してください（P105参照）

俺の場合は源泉徴収されてないから入力は簡単だな～
楽勝～♪
他にも注意点があります
12月分の報酬については、入金が翌年であっても**今年の売上として計上**します
今年分として計上
振込は翌年
1月
12月
年末に完了した仕事は、その年の内に請求書を発行するか、完了日を売上の計上日としましょう!!
200万円の仕事
12月に計上
売上700万円
1月に計上
売上500万円
年間の売上が変わっちゃうから大問題だね!!

COLUMN 5

どこでも記帳業務ができる！クラウド会計の簡単な使い方

実際の記帳をどう進めていくのか。売上や経費をどのように入力すればいいのか。クラウド会計「ｆｒｅｅｅ（フリー）」を例に最新のクラウド会計の使い方を見てみましょう。

●ネットバンキングとの連携機能が便利

ｆｒｅｅｅで一番便利なのは、**銀行口座やクレジットカードの明細をネット経由で取り込めるところ。**まずはブラウザでｆｒｅｅｅのサイトにアクセスしてください。トップページにある「未登録明細」をクリックすれば、取り込まれた明細情報（日付と金額、取引内容）が一覧表示されるので、後は勘定科目を選択するだけ。売上が入金されたら「売上高」、電話代を支払ったら「通信費」のように指定していきます。しかも、**勘定科目はＡＩが推測したものが入力済み**なので、間違っている勘定科目が入っているときだけ修正すれば大丈夫です。

また、**家賃や携帯電話代など定期的な支払いについては、ルールを作成しておくと自動で登**

「未登録明細」の画面では、勘定科目が正しいかを確認して「登録」ボタンを押すだけ。

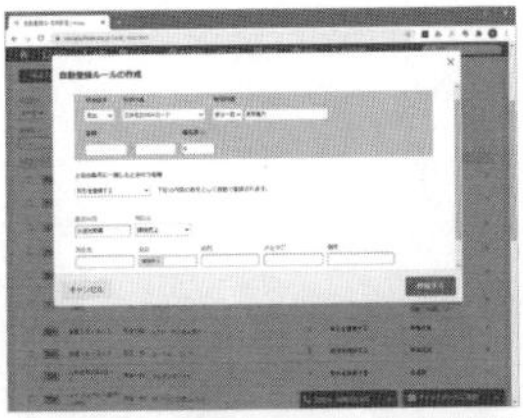

取引内容と対応する処理を登録しておけば、次回から処理は自動化される。

録作業まですませてくれます。よく現れる取引に対してルールを作っておけば、普段出てこない取引だけ手動で処理すればいいので、記帳の手間は大幅に削減できますね。

クラウド会計を効率的に使うなら、事業専用の口座やカードを用意して、入金や支払いはすべてそこにまとめてしまうことをおすすめします。

現金払いのレシートはその場で写真撮影。日付や金額を認識してくれる。

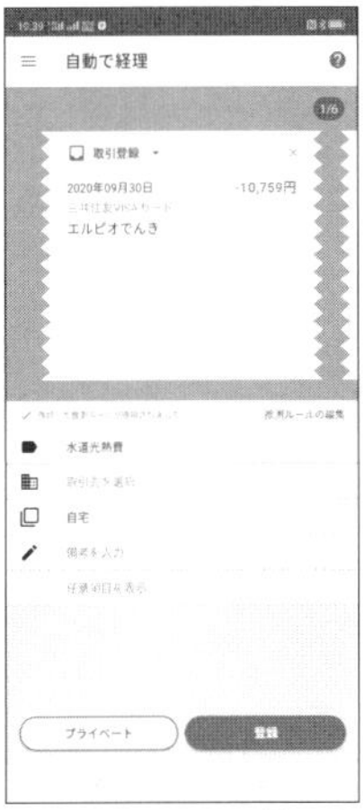

スマホアプリでも使い方は同じ。「未登録明細」画面で勘定科目を選び、「登録ボタン」を押す。

スマホのアプリで記帳作業が楽々

freeeにはスマホのアプリもあります。アプリを起動し、「未登録明細」の一覧から、同じように勘定科目を選んでいきます。

さらに、**スマホアプリには、レシートを撮影するだけで記帳できる**という便利機能があります。銀行口座やクレジットカードなどの明細をネット経由で取り込む場合は、未登録明細から記帳を自動化できます。現金で支払った場合は手動入力です。**スマホのアプリでレシートを撮影すると、AIが日付や金額、取引内容を判断してくれるので、後は登録ボタンを押すだけ。**

普段はパソコンを使うことなく、空き時間を活用してスマホでほとんどの記帳ができます。

エクセルで売上や経費を管理する

freeeに**自動で取込できない取引（現金で支払った経費、源泉徴収された売上の入金など）は、手作業でクラウド会計の画面に入力**します。

パソコンを使い慣れた人なら、**エクセルに日付**

や金額、勘定科目などを入力して、そのファイルをfreeeに読み込ませましょう。

反対にfreeeの取引データをCSV形式で出力することもできるので、エクセルで売上や経費の中身を分析することも可能です。

●請求書作成と売上記帳を同時に

取引先に請求書を送るとき、どのようにして請求書を作成していますか。**freeeには請求書を作成する機能があります。**ひながたからレイアウトを選ぶだけで請求書を作成でき、同時に売上高として記帳もしてくれます。エクセルで請求書を作った後、わざわざ会計ソフトに

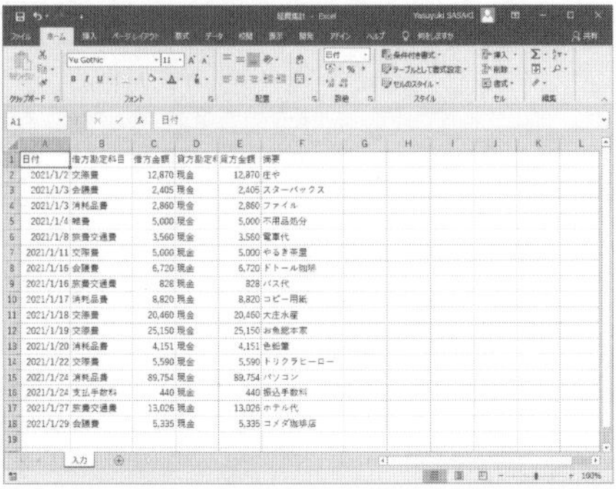

日付	借方勘定科目	借方金額	貸方勘定科	貸方金額	摘要
2021/1/2	交際費	12,870	現金	12,870	庄や
2021/1/3	会議費	2,405	現金	2,405	スターバックス
2021/1/3	消耗品費	2,860	現金	2,860	ファイル
2021/1/4	雑費	5,000	現金	5,000	不用品処分
2021/1/8	旅費交通費	3,560	現金	3,560	電車代
2021/1/11	交際費	5,000	現金	5,000	やるき茶屋
2021/1/16	会議費	6,720	現金	6,720	ドトール珈琲
2021/1/16	旅費交通費	828	現金	828	バス代
2021/1/17	消耗品費	8,820	現金	8,820	コピー用紙
2021/1/18	交際費	20,460	現金	20,460	大庄水産
2021/1/19	交際費	25,150	現金	25,150	お魚総本家
2021/1/20	消耗品費	4,151	現金	4,151	色鉛筆
2021/1/22	交際費	5,590	現金	5,590	トリクラヒーロー
2021/1/24	消耗品費	89,754	現金	89,754	パソコン
2021/1/24	支払手数料	440	現金	440	振込手数料
2021/1/27	旅費交通費	13,026	現金	13,026	ホテル代
2021/1/29	会議費	5,335	現金	5,335	コメダ珈琲店

売上や経費をエクセルで管理し、そのファイルをfreeeに取り込むこともできる。

請求書の作成画面。本体価格を入力すれば、消費税や源泉徴収税の金額も計算し、売上として計上してくれる。

確定申告書の作成画面。画面の質問に答えて、必要事項を入力していけば、申告書が完成する。

その数字を入れ直さなくても、すべてｆｒｅｅｅの中で作業が完結します。

また、**銀行口座の入金履歴と請求書の日付や金額を突き合わせて、きちんと入金があったか管理できる機能も。**支払期日が過ぎても入金がないときは警告を出してくれるので、回収もれを防ぐことが可能。他にも取引先ごとに売上の金額を集計したり、請求書の数字を流用して領収書を作成したり、たくさんの便利な機能が備わっています。

●質問に答えるだけで申告書が完成

確定申告書の作成は、数字は自動的に入るので、後は画面の質問に答えていくだけ。ただし、**自宅を売却して利益が出たときなど、ｆｒｅｅｅで対応できない申告もありますのでご注意ください。**

完成した申告書は、プリンタで印刷して税務署に提出するか、ネット経由で電子申告することになります。

まとめ

ソフトを使いこなすことができれば作業効率は格段にアップ！

〈クラウド会計のいろいろ〉

ｆｒｅｅｅを例にあげてクラウド会計の概要を紹介してきましたが、他のクラウド会計もネットバンキングとの連携やルールによる自動化、確定申告書の作成など基本的な部分は同じです。どのクラウド会計も無料体験ができるので、ぜひ使い勝手を試してみてください。

会計 freee	マネーフォワード クラウド確定申告	やよいの青色申告 オンライン
https://www.freee.co.jp/	https://biz.moneyforward.com/	https://www.yayoi-kk.co.jp/
年額1万2,936円〜	年額1万560円〜	年額8,800円〜
請求書作成など経理業務を総合的にサポートしているのが特徴。会計の知識がない人にとって分かりやすいように操作が工夫されている。	外部サービスとの連携が充実している。会計の知識がある人には操作しやすく、経験者がクラウド会計に切り替えたいならおすすめ。	インストール型の「弥生会計」を使っていた人なら戸惑うことなく移行できそう。初年度は無料で利用できる。

③ 領収書をひたすら入力
「経費」を管理する
レシートや領収書を見て、入力していけばいいいんだよね？
勘定科目って色々あってよくわからないな〜
あんまり神経質に考えなくて良いですよ！
自分の中で経費の種類ごとにルールを決めれば大丈夫！
【経費にできる範囲は？】
支出ってどこまで経費にできるんだろう？
多い方が所得を減らせて税金も安くなるもんね
家で仕事してたら生活費との線引きが難しくないですか？
生活費であっても、きちんと基準を決めておけば、一定の割合は経費になりますよ
通信費
家賃
光熱費
家事《かじ》按分《あんぶん》と言います
誰もが「仕事に関係あるよね」と思えるものであれば大丈夫です

ご祝儀、香典など

仕事上で付き合いがある人に対するものなら交際費として計上できる。

飲み代、食事代

仕事関係の打ち合わせや親睦が目的ならOK。領収書に誰と一緒だったかメモしておこう。

研修代、セミナー代

仕事のスキルアップ、売上の向上につながるものなら計上できる。

衣装代、美容院代

人前に立つ講師とかインストラクターなど仕事に必要な出費なら計上できる。

じゃあ、美容院代がOKってことは美容整形もOK？
芸能人で植毛代が認められなかったという例があるので美容整形は難しいかな…
整形!?

自動車やバイク関連の費用

仕事の移動に利用するなら計上できる（ただし、全額は難しい）。

どこまでがOKなのか判断できないや
タハハ
全部、経費にしちゃっていい?
よく考えて
難しく考えすぎずに、常識の範囲で経費として計上できそうなものはすべて入力すればいいですよ
ポイントは税務調査が入ったときに、ちゃんと説明できるようにしておくこと!!
根拠が曖昧だと、経費として認められず、追加で税金を払うことになるかもしれません!
このお菓子のレシートは?
根拠が明確
取材先へのお礼です!
根拠が曖昧
えと…糖分補給的な…?

【領収書がないときは】
領収書って絶対必要なの？
書いてもらうのめんどい…
レシートでも大丈夫！ いい加減な手書き領収書よりも信用力があります！
失くしたときは、自分で出金伝票に金額などを書いたものでOKです
通販で買い物をしたときは？
カードで払うと領収書出ないけど…
カードの明細を取っておきましょう
それだけじゃ内容がわからないので、通販サイトの詳細画面を印刷しておきます！
他にも領収書が出ないものもあるよね電車代とかは？
ガタン
ゴトン
形式は何でも良いので日付と金額、内容がわかる記録を残しましょう
電車代なら1カ月分をまとめて入力してもいいです

【領収書の価値について】
実際、レシートや領収書って一枚どれくらいの節税効果があるんだろう?
人によって変わりますが…
小太郎さんの場合、1万円の領収書でいくら得するか、ざっくり見てみましょう
カチ
カチ

収入から経費や控除を引いた額

収入650万円 ⇒ 課税所得 315万円

(必要経費170万円、青色特別控除65万円、所得控除100万円)

⬇

1万円の領収書があったら

↓

課税所得が1万円減る

↓

税金と社会保険の負担が減る

3500円減(1万円×負担率35%)

税金・社会保険料の負担率	
所得税:	10%
準民税:	10%
事業税:	5%※
国民健康保険料:	10%
合計	**35%**

※請負業として加算(P43参照)

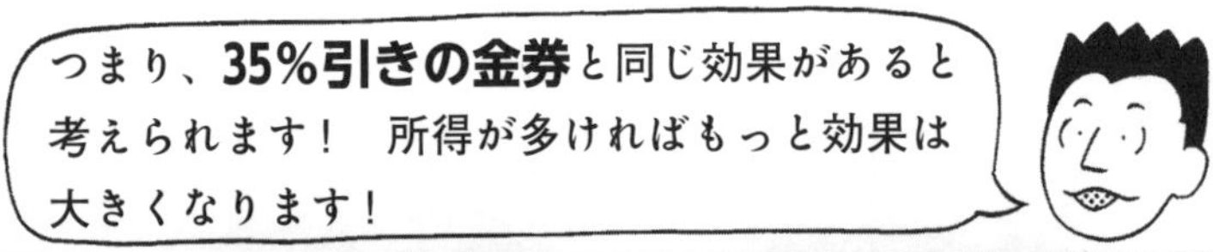
つまり、**35%引きの金券**と同じ効果があると考えられます! 所得が多ければもっと効果は大きくなります!

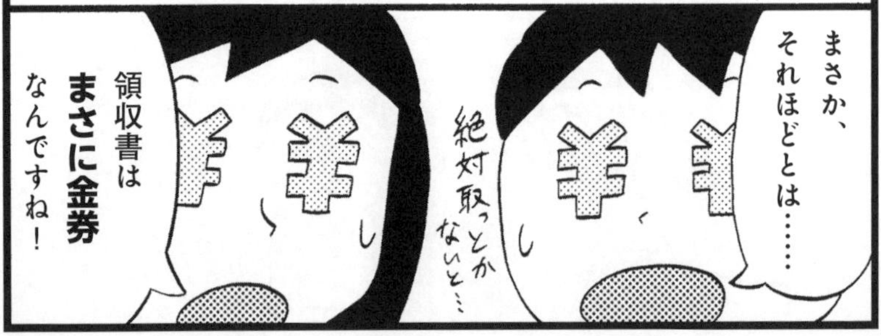
まさか、それほどとは……
絶対取っとかないと…
領収書は**まさに金券**なんですね!

じゃあ仕事に関係するものはバンバン買っていいの?
本当に仕事に必要なものなら買っていいと思います!!
私も毎年PC関連機器を100万円以上買ってました!!
将来の投資ってことですね!
わい
わい
それ、半分趣味入ってない?
納税は国民の義務だし無駄遣いも良くないですよねぇ?
……
その通りです!
売上を出して税金を払っているということも社会的に見ればとても重要です
たとえば、銀行からお金を借りるときは信用につながりますよね!

COLUMN 6

無駄に時間をかけすぎない！「勘定科目」の選び方

税理士として仕事をしていると「この領収書は何費ですか？」みたいな質問をよく受けます。**ぶっちゃけて言えば、勘定科目は何でもいい**です。記帳する目的は、事業所得の金額を計算すること（事業所得＝売上－経費－青色申告特別控除）。**科目が何であっても経費は経費**であり、事業所得の金額は同じになります。世の中、まじめな方が多くて、領収書一枚ごとに科目選びに悩む方がいらっしゃいますが、できればその労力を別のところに向けてほしいです。**正しい所得と正しい税額を計算できれば、その途中経過でラクをしても問題はありません。**

むしろ重要なのは、何を経費に入れるのか。**仕事と関係がない支出を経費に含めてはいけません。**事業所得の金額が変わると、納めるべき税金の金額まで変わってきます。こっちはしっかり判断してください。

しかしながら、面倒だからといって、すべて「雑費」にしてしまうのも問題ですね。税務署が申告書を見たとき、「この人はちゃんと帳簿をつけていないかも」「経費じゃないものも突っ込んでいるんじゃないか」と疑いの目で見られて、税務調査を受けることになりかねません。

ですから、バランスよく見えるように、自分なりのルールを作って科目を振り分けていくことをおすすめします。一般的な科目は表に示したので参考にしてください。

表以外の科目を作ってもかまいません。**せっ**

かく記帳をするのであれば、経費の使い道を把握しやすいように科目を工夫するといいでしょう。たとえば、資料を購入することが多いなら「新聞図書費」、取材の出費が多ければ「取材費」、飲食店なら「衛生費」などがあります。

そうは言っても、実際に記帳するときは、どの科目にするか迷うこともあるはず。その場合、モノを買ったのであれば「消耗品費」にしてください。ただし、10万円以上のモノは減価償却（82ページ）が必要なので「工具器具備品」の科目を選びます。違和感があるかもしれませんが、**10万円未満のモノであればパソコンでもバイクでも消耗品費です。**反対にドライバーを買ったとき、工具だからといって「工具器具備品」にしてはいけません。会計ソフトが減価償却の対象として扱ってしまうため、「消耗品費」として入力してください。

まとめ

細かいことを気にしなくても
払う税金は同じになる！

〈代表的な勘定科目〉

勘定科目	内容
租税公課	事業税や償却資産税、印紙税、消費税など（所得税や住民税、社会保険料は事業所得の経費にならない）。
水道光熱費	電気代、水道代、ガス代など。自宅を事務所にしている場合はいったん全額を経費計上し、年度末に家事按分する（74 ページ）。
旅費交通費	電車代やバス代、出張時のホテル代など。車両があるときはガソリン代や駐車代も含めて良い。
通信費	電話代や切手代など。ネット関係の費用もここに含まれる。
交際費、会議費	接待目的の飲食や贈答品など。祝儀や香典も、支払先を記録しておけば経費になる。飲食のうちで少額(酒類を含まず､1人あたり5000円以下)のものは会議費に。
消耗品費	10 万円未満のモノで分類不能なものは消耗品費として処理して良い。
外注費、給料賃金	本業に関連して仕事を外注したときの支払いは「外注費」。雇用契約を結んで給料として支払った場合は「給料賃金」。
地代家賃	事務所・店舗の家賃や共益費、更新料など。自宅を事務所利用するときは家事按分できる。
雑費	どうしても他の科目に分類できないもの。なるべく使いたくはない。

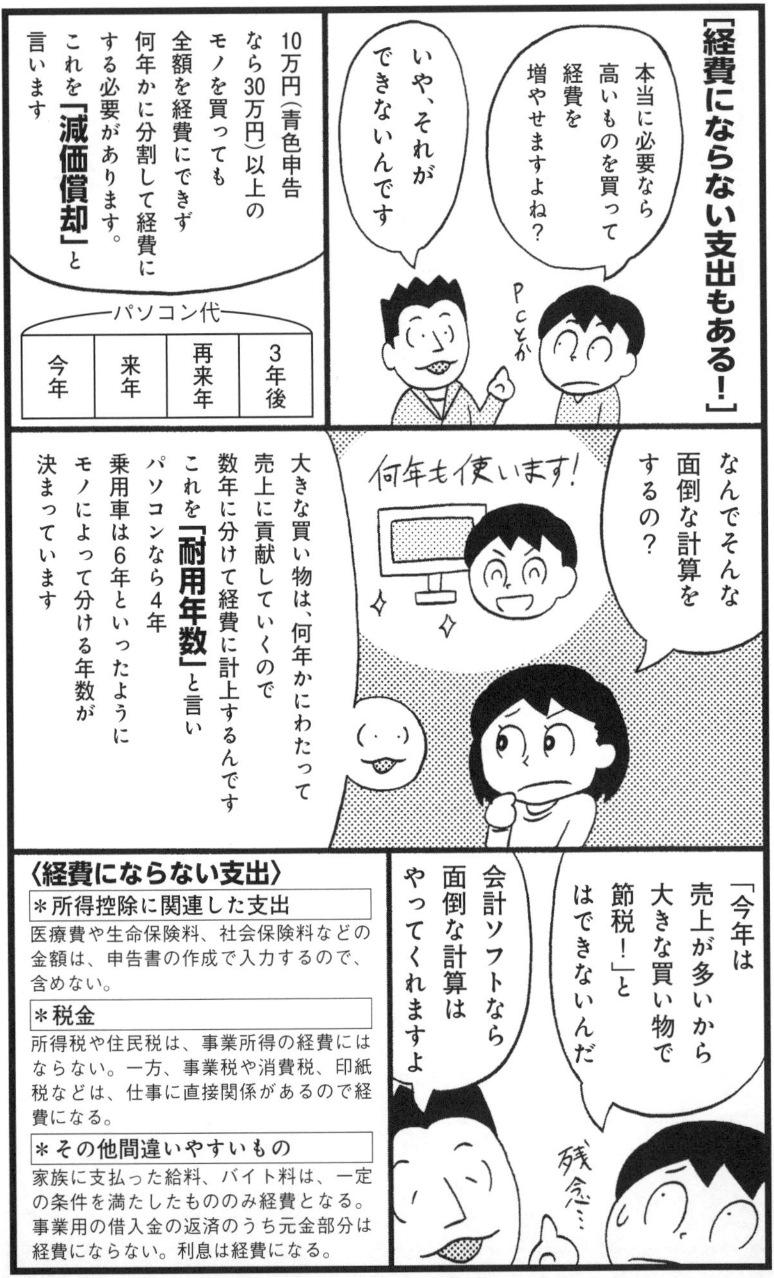
【経費にならない支出もある！】
本当に必要なら高いものを買って経費を増やせますよね？
いや、それができないんです
PCとか
10万円（青色申告なら30万円）以上のモノを買っても全額を経費にできず何年かに分割して経費にする必要があります。これを「減価償却」と言います
パソコン代
今年
来年
再来年
3年後
なんでそんな面倒な計算をするの？
何年も使います!
大きな買い物は、何年かにわたって売上に貢献していくので数年に分けて経費に計上するんです これを「耐用年数」と言い パソコンなら4年 乗用車は6年といったようにモノによって分ける年数が決まっています
「今年は売上が多いから大きな買い物で節税！」とはできないんだ
会計ソフトなら面倒な計算はやってくれますよ
残念…
〈経費にならない支出〉
＊所得控除に関連した支出
医療費や生命保険料、社会保険料などの金額は、申告書の作成で入力するので、含めない。
＊税金
所得税や住民税は、事業所得の経費にはならない。一方、事業税や消費税、印紙税などは、仕事に直接関係があるので経費になる。
＊その他間違いやすいもの
家族に支払った給料、バイト料は、一定の条件を満たしたもののみ経費となる。事業用の借入金の返済のうち元金部分は経費にならない。利息は経費になる。

さて、「記帳業務」における、3つのステップを紹介してきました！
1年間記帳を続けると、「決算書」が完成します！
3ステップ
①「会計ソフト」を用意する
②「売上」を集計する
③「経費（領収書）」を管理する
決算書？
決算書とは、あなたにとっての1年間の成績表のようなもの！
決算書にある「所得金額」をもとに税額を計算します
一段落
それでは次に行きましょう!!
いよいよ確定申告です!!
確定申告
まだあるの～!?

COLUMN 7

知っておきたい！10種類の所得について

フリーランスとして独立したとき、会社員の友だちから**「なんでも経費にして節税できるからいいな」**と言われたことがあります。でも、まじめに申告している人だったら、**会社員の方がずっと恵まれている**ことに気付くはず。

　私の場合、ライターをやっていたんですけど、売上に占める経費の割合ってたかがしれているんですよね。せいぜい2割とか3割くらい。総収入の7~8割が「事業所得」となります。

　一方、会社員がもらう給与は「給与所得」です。額面金額から一定割合の「給与所得控除」を引いたものが給与所得となります。引ける割合は給与の額によって違ってきますが、額面500万円なら28・8％です。フリーランスは領収書を自分で集計しないと経費にならないのに比べ、**会社員だと何もしなくても無条件に一定割合を引いてくれる**のです。こんなところでも会社員は優遇されていますよね。

　所得税では、個人の収入をその性質に応じて10種類に分類し、種類ごとに所得の金額を計算するようになっています。申告書には所得の種類ごとに金額の記入欄があり、各所得を足し合わせた金額に対して税金がかかります。こんな面倒な計算をするのは、税負担を公平にするため。たとえば、給与所得は税の負担する能力が低いとして、所得が少なくなるように計算式が作られています。

　フリーランスが会計ソフトに売上や経費を入

力するのは**「事業所得」の金額を計算するため。**ですから、他の所得に関係する数字を会計ソフトに入力してはいけません。たとえば、フリーランスの本業だけでは生活がきつくて、**もしコンビニでアルバイトしたら、それは「給与所得」ですから会計ソフトには入力しません。**申告書を作成するとき、給与の金額を給与所得の欄に記入します。他にも、**不動産や株を売って利益が出たときは「譲渡所得」となるので、事業所得とは別に計算をします。**

また、もらったお金にも税金がかかるのですが、所得税ではなく「贈与税」が課税されます。1年間で受け取った金額が110万円を超えると贈与税の申告書を出す必要があるので注意してください。

まとめ

所得の種類ごとに計算する！
会計ソフトに入れるのは「事業所得」だけ

〈所得税における10種類の所得〉

名称	内容
利子所得	銀行預金や国債などの利子（個人的な貸付の利子は雑所得）
配当所得	株式の配当、投資信託の分配金
不動産所得	土地や建物、船舶などの貸付による所得
事業所得	事業による所得（不動産所得や山林所得に当たるものを除く）
給与所得	勤務先から受け取る給料やボーナス、各種手当
退職所得	勤務先から受け取る退職金、小規模企業共済やiDeCoなどの一時金
山林所得	山林や立木の売却による所得
譲渡所得	不動産や株、投資信託、ゴルフ会員権など資産の売却による所得
一時所得	上記に該当せず、継続的でない一時的なもの。競馬の払戻金や生命保険の満期返戻金など
雑所得	上記のいずれにも該当しない所得（公的年金や事業規模でない副業収入など）

COLUMN 8

フリーランスならではの勘定科目「事業主勘定」と「元入金」とは？

フリーランスの記帳には、簿記の教科書にはあまり出てこない勘定科目があります。

まずは「事業主勘定（事業主貸、事業主借）」。**この科目は、事業とは関係のない個人的なお金の出入りがあったときに使うものです。**たとえば、仕事用の銀行口座から現金を引き出したとき、通常であれば「現金／預金」と記帳します。これが、生活費など個人的な目的でお金を引き出したときは、「事業主貸／預金」と記帳します。預金出納帳から記帳するのであれば、「現金」を選ぶのではなく「事業主貸」を選びます。

事業所得を計算する上で、仕事と個人のお金の動きはしっかりと区別しなければなりません。そのため、個人の取引については事業主勘定を使うことで、事業所得の計算に関係させないようにしているのです。会計ソフトｆｒｅｅには「プライベート取引」という機能がありますが、

事業主勘定の例

・仕事用のカードで個人的な買い物をした
　× 消耗品費／未払金
　○ 事業主貸／未払金
・仕事用口座から生命保険料が引き落とされた
　× 保険料／預金
　○ 事業主貸／預金
・個人の財布から仕事用口座に現金を入金した
　× 預金／現金
　○ 預金／事業主借

これは内部で事業主勘定に変換して記録しています。

事業主勘定の使い方は、右ページで紹介した例を見て下さい。

仕事用カードで個人的な買い物をした場合、カード明細から記帳をするときに科目として「消耗品費」を選ぶと事業所得の経費に含まれてしまいます。**ここで「事業主貸」を選べば個人的な支出として無視することができるわけですね。**まあカードについては仕事用と個人用を厳密に分けて、仕事用では個人的な買い物をしないのがベストではあるんですが……。

なお、「事業主貸」「事業主借」は相手科目によって使い分けるのが本来のやり方です。しかし、自分で記帳するときは「事業主貸」で統一しても大丈夫。どちらの科目を使っても、最終的に完成する決算書の数字は同じになります。

もうひとつ、**フリーランスに特有の科目が「元入金」です。1年の最後、決算書を作るときだけ登場する科目です。**事業の元手となる資金のことで、会社でいう資本金に相当します。会社の資本金とは違って、元入金は毎年金額が変わりますし、マイナスの数字になることもあります。数字が大きければ優秀というものではなく、その金額を気にする必要はまったくありません。

以下の数式で元入金の金額は計算できますが、会計ソフトを使っているなら自動で計算してくれます。帳簿組織を成立させるためのバーチャルな数字なので、決算書にだけ出てくる個人事業に特有の科目だと覚えておいていただければ大丈夫です。

来年の元入金＝
元入金＋今年の損益＋事業主借－事業主貸

まとめ

「事業主勘定」は個人的な支出のとき
「元入金」は1年に1回登場する

Freelance Money Talk

3章まとめ

記帳業務で売上と経費をコツコツ入力するべし！

記帳業務の心強い味方
会計ソフトを使おう！
今はクラウド型が便利！

俺にできるかナ…
自慢じゃないけど、コツコツ続けるのは苦手…

1年間にかかった経費の合計を計算して、
収入（売上）から差し引き、「所得金額」を割り出す。

収入（売上） ― 引く 経費 → 所得金額

記帳業務は、家計簿みたいなイメージだね。収支を把握するためにも大切な作業だよね

この後、確定申告書を作成して、ここで作った決算書と一緒に、税務署に提出。これが確定申告の流れだよ

記帳は必須の業務

コツコツと積み重ねて作った「決算書」は1年間の成績表！

4章

最後の関門！ いざ確定申告へ

なんとか記帳業務を終えた小太郎は、いよいよ確定申告書の作業にとりかかります。昨年度の確定申告では惨敗をきしていますが、今回は、リベンジを果たせるのでしょうか？　ラスボス「確定申告」との決戦に挑みます。

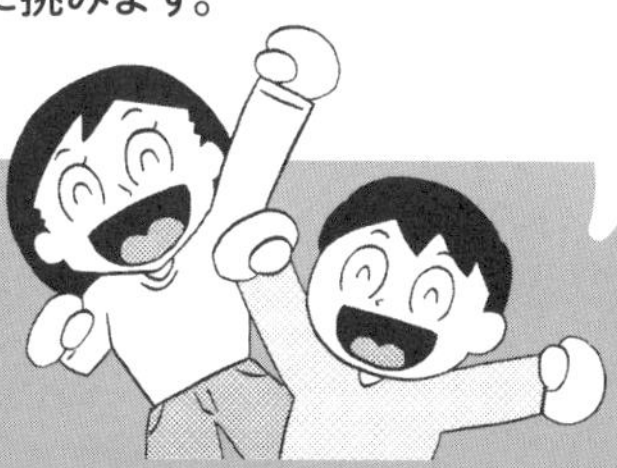

＼ラスボス「確定申告」／

くらえ
魔王ーー!?
そんな装備じゃ勝てんよ
グシャ
ギャ!!
何事も準備が大事だな
ゲームオーバー…
今年の確定申告はしっかり準備して挑もう

確定申告には3種類ある
こんにちは！記帳業務は進んでますか!?
バッチリ！
何とか、がんばってます！
これまでは、会社が税金や社会保険料を計算して払ってくれてたんですよね！
フリーランスは記帳から申告、納税まで全部自分でしなくちゃいけないし…
会社
今になってありがたみがわかりました…
その確定申告なんですが…
なんと3種類あるんです!!
えっ!?

青色申告 55/65万円控除	青色申告 10万円控除	白色申告 控除なし
・経費は複式簿記の記帳が必要 ・控除額 →55/65万円※ ・税制上の優遇あり	・経費は簡単な集計で良い ・控除額 →10万円 ・税制上の優遇あり	・経費は簡単な集計で良い ・控除額 →0円 ・税制上の優遇なし

※くわしくはP124を参照。

な 何で…？
まず 白色申告ですが昔と違って今は記帳が義務付けられています
なので青色申告の10万円控除と**やるべきことがほぼ変わらない**んです！
ドキ ドキ
えーっ!? やることは同じ!?
じゃあ 白色はないね
白
青色2種類の違いは？
確定申告のとき、貸借対照表《たいしゃくたいしょうひょう》※を付けるかどうかで控除額が変わります
控除額が違う…
※資産や負債などの金額を記載した報告書。
手作業で貸借対照表を作るのは大変ですが、会計ソフトなら自動で作ってくれます！
だから、入力をがんばってもらってるんですよ…！
えっ!?
知らないうちに青色申告55／65万円控除のために動かされていたの!?
青色申告

経費が55／65万円※増えるのと同じですからね！
こちらを選ばない手はありませんっ!!
小太郎さんの場合だと課税所得が300万円くらいなので…
税金と国保を合わせて20万円くらい安くなります
国民健康保険も
税金も
そんなに!?
こりゃ他に選択肢ないね
そして、もうひとつ！
青色申告を選択するうえで大切なことが…

※青色申告特別控除の金額は2020年から55万円に変更された（従来は65万円）。ただし、一定の条件を満たしたときは65万円になる。

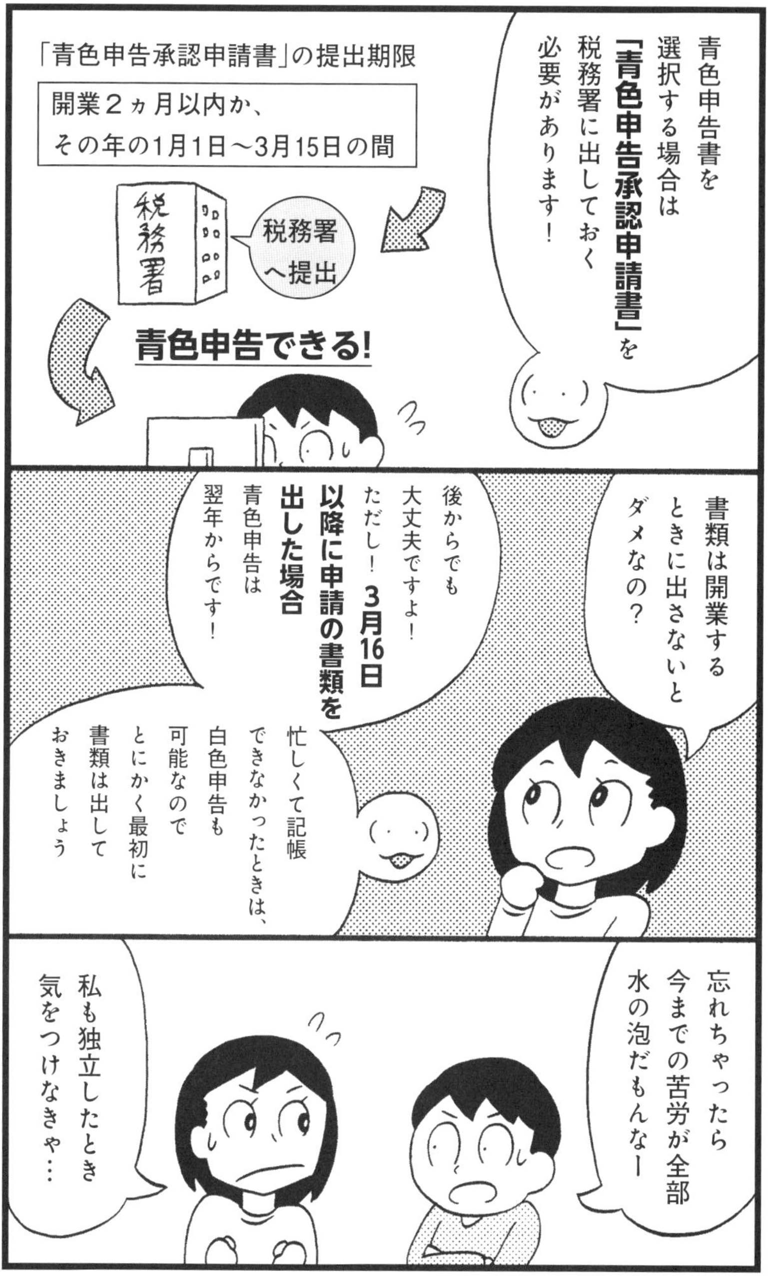
青色申告書を選択する場合は「青色申告承認申請書」を税務署に出しておく必要があります！
「青色申告承認申請書」の提出期限
開業2ヵ月以内か、その年の1月1日～3月15日の間
税務署
税務署へ提出
青色申告できる！
書類は開業するときに出さないとダメなの？
後からでも大丈夫ですよ！ただし！3月16日以降に申請の書類を出した場合青色申告は翌年からです！
忙しくて記帳できなかったときは、白色申告も可能なのでとにかく最初に書類は出しておきましょう
忘れちゃったら今までの苦労が全部水の泡だもんなー
私も独立したとき気をつけなきゃ…

確定申告書を作成する
みらいプランニング
税理士事務所
わっ
売上650万円 事業所得が 480万円!!
俺の1年の汗と涙の結晶です!!
最後の計算は、ほとんど会計ソフトがやったけどね
おつかれ様でした!
ヒイ〜ン
まだ終わりませんよ!!
ついに確定申告書の作成です!
では早速いきましょう!!

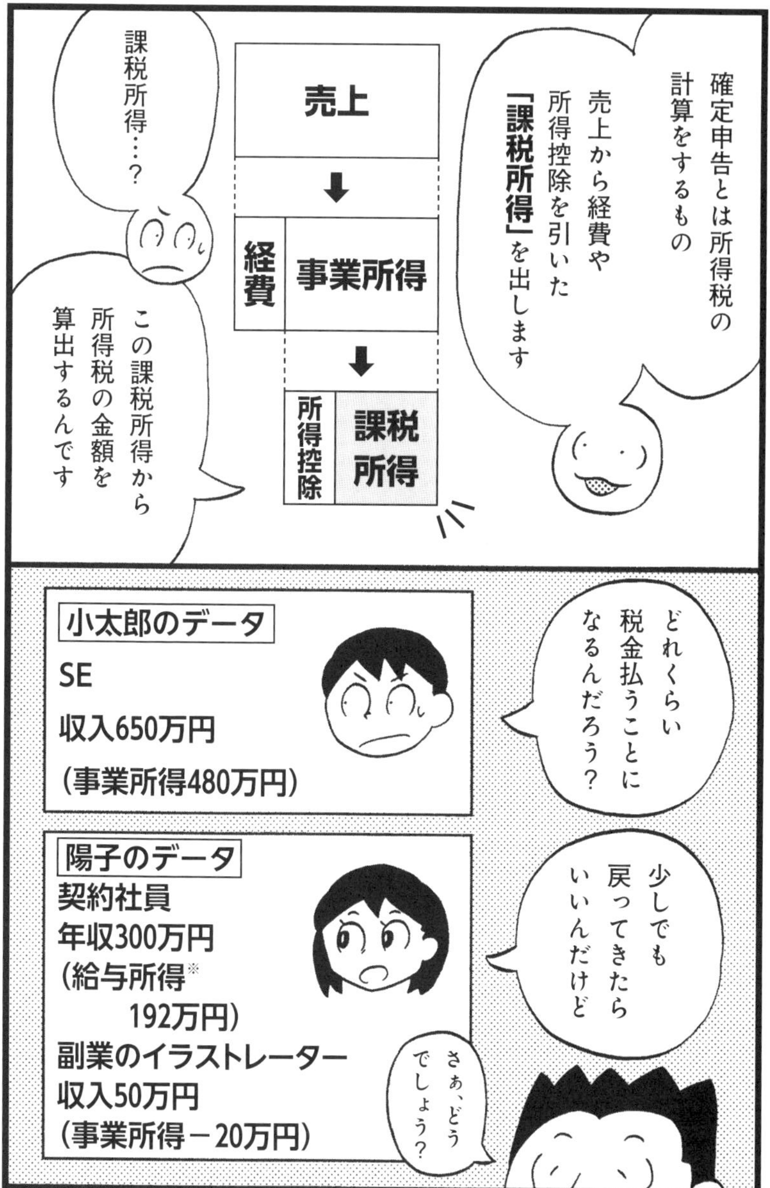
確定申告とは所得税の計算をするもの
売上から経費や所得控除を引いた「課税所得」を出します
売上
経費
事業所得
所得控除
課税所得
課税所得…？
この課税所得から所得税の金額を算出するんです
どれくらい税金払うことになるんだろう？
小太郎のデータ
SE
収入650万円
（事業所得480万円）
少しでも戻ってきたらいいんだけど
陽子のデータ
契約社員
年収300万円
（給与所得※
192万円）
副業のイラストレーター
収入50万円
（事業所得－20万円）
さぁ、どうでしょう？

※給与の場合、収入金額から一定割合の給与所得控除を差し引いた金額が所得金額になる。会社員は一定割合の経費が無条件で認められている。

確定申告の提出期限は2月16日から3月15日!!
提出期限
2/16〜3/15
サッ
…なんですが実は1月1日を過ぎたら出してもいいのです!
期限に遅れるとどうなるの?
延滞税や無申告加算税が追加される可能性があります!!
税
追加
2年連続で遅れると65万円の控除が10万円に減額!!
青色
そんな〜
こうなると税金も国民健康保険料も高くなるので注意しましょう
キビシ〜!
絶対に期限内に提出しないとね!
締切厳守!

確定申告書を入力していこう！
確定申告では、2つの書類を提出します
1つは、記帳して作ってもらった「青色申告決算書」
そして、もうひとつがこれから作る「確定申告書B」※です
何枚もあって大変そう！
これに数字を埋めていくんですか?!
作成方法は3種類です
そうです！

（申告書の作成方法　3種類）

① **申告書を手書きで作成する**

税務署で申告書の用紙を入手して、数字を記入。決算書の数字を転記して、税額を自分で計算しなければならず、大変なのでおすすめしない。

② **会計ソフトで作成する**

会計ソフトの中には申告書を作成する機能を持つものがある。画面の質問に答えていくだけで申告書が完成する。一番のおすすめ。

③ **国税庁のサイトで作成する**

国税庁のサイト「確定申告書等作成コーナー」に、決算書の数字や所得控除の金額などを入力していくと、申告書が完成する。会計ソフトが未対応のときに使おう。

確定申告書等作成コーナー（https://www.keisan.nta.go.jp/）

※「確定申告書A」は給与所得者や年金受給者が使う申告書のこと。

申告書の作成は次のステップで進めていきます
結構やること多いなー!!
大変そうだけど…
① 青色申告決算書を完成させ、事業所得の金額を確定する
② 申告書に収入と事業所得の金額を転記する
③ 所得控除の金額を記入する
④ 税金の金額を計算する
⑤ 名前や住所、その他必要な事項を記入する
→ 完成！
会計ソフトならラクチンです
会計ソフトだと①から④までは自動でやってくれるので、名前、住所などの情報を入力するだけで申告書が完成するんですよ
まずは基本を知るために、手書きで埋めていく方法を見てみましょう！
お～
便利だな～

①青色申告決算書の作成

前に説明したとおり、青色申告だと決算書上の利益から55／65万円を引いた金額が事業所得の金額となります
全部で
4枚…

▶1枚目（損益決算書）

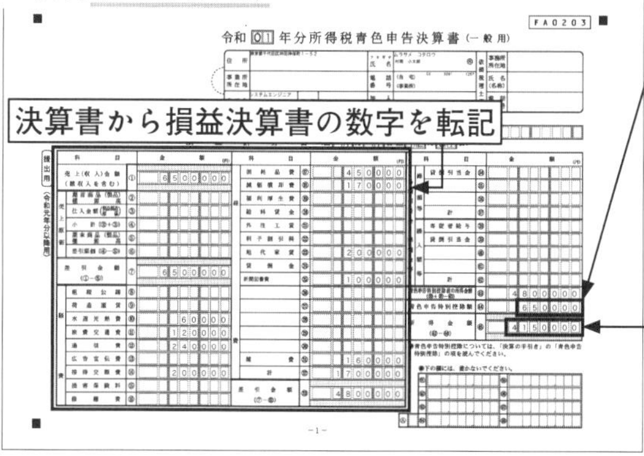
決算書から損益決算書の数字を転記

FA0203

令和01年分所得税青色申告決算書（一般用）

科目		金額（円）	科目		金額（円）
売上（収入）金額（雑収入を含む）	①	6500000	消耗品費	⑰	450000
期首商品（製品）棚卸高	②		減価償却費	⑱	170000
仕入金額（製品製造原価）	③		福利厚生費	⑲	
小計（②＋③）	④		給料賃金	⑳	
期末商品（製品）棚卸高	⑤		外注工賃	㉑	
差引原価（④－⑤）	⑥		利子割引料	㉒	
差引金額（①－⑥）	⑦	6500000	地代家賃	㉓	200000
			貸倒金	㉔	
			新聞図書費	㉕	100000
租税公課	⑧			㉖	
荷造運賃	⑨			㉗	
水道光熱費	⑩	60000		㉘	
旅費交通費	⑪	120000		㉙	
通信費	⑫	240000		㉚	
広告宣伝費	⑬		雑費	㉛	160000
接待交際費	⑭	200000	計	㉜	1700000
損害保険料	⑮		差引金額（⑦－㉜）	㉝	4800000
修繕費	⑯				

科目		金額（円）
貸倒引当金	㉞	
	㉟	
	㊱	
計	㊲	
専従者給与	㊳	
貸倒引当金	㊴	
	㊵	
	㊶	
計	㊷	
青色申告特別控除前の所得金額（㉝＋㊲－㊷）	㊸	4800000
青色申告特別控除額	㊹	650000
所得金額（㊸－㊹）	㊺	4150000

●青色申告特別控除については、「決算の手引き」の「青色申告特別控除」の項を読んでください。

●下の欄には、書かないでください。

－1－

青色申告特別控除の金額（10万円／55万円／65万円）を記入

左下「差引金額」から特別控除の金額を引いた金額を記入。これを申告書の「事業所得」に転記する

▶4枚目（貸借対照表）

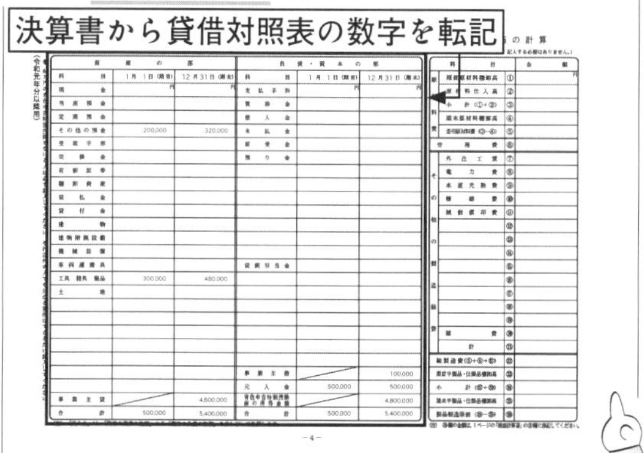
決算書から貸借対照表の数字を転記

資産の部 科目	1月1日（期首）	12月31日（期末）	負債・資本の部 科目	1月1日（期首）	12月31日（期末）
現金	円	円	支払手形	円	円
当座預金			買掛金		
定期預金			借入金		
その他の預金	200,000	320,000	未払金		
受取手形			前受金		
売掛金			預り金		
有価証券					
棚卸資産					
前払金					
貸付金					
建物					
建物附属設備					
機械装置					
車両運搬具			貸倒引当金		
工具 器具 備品	300,000	480,000			
土地					
			事業主借		100,000
			元入金	500,000	500,000
事業主貸		4,600,000	青色申告特別控除前の所得金額		4,800,000
合計	500,000	5,400,000	合計	500,000	5,400,000

（製造原価の計算）

科目		金額
期首原材料棚卸高	①	円
原材料仕入高	②	
小計（①＋②）	③	
期末原材料棚卸高	④	
差引原材料費（③－④）	⑤	
労務費	⑥	
外注工賃	⑦	
電力費	⑧	
水道光熱費	⑨	
修繕費	⑩	
減価償却費	⑪	
	⑫	
	⑬	
	⑭	
	⑮	
	⑯	
	⑰	
	⑱	
	⑲	
雑費	⑳	
計	㉑	
総製造費（⑤＋⑥＋㉑）	㉒	
期首半製品・仕掛品棚卸高	㉓	
小計（㉒＋㉓）	㉔	
期末半製品・仕掛品棚卸高	㉕	
製品製造原価（㉔－㉕）	㉖	

－4－

決算書は全部で4枚ありますが、まずは1枚目と4枚目を見ていきましょう

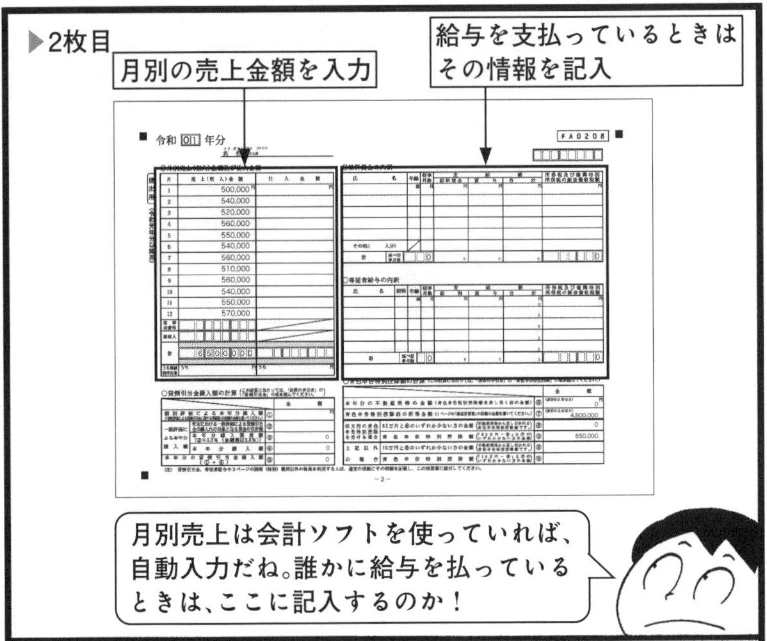
▶2枚目
月別の売上金額を入力
給与を支払っているときはその情報を記入
令和 01 年分
FA0208
月 売上(収入)金額 仕入金額
1 500,000
2 540,000
3 520,000
4 560,000
5 550,000
6 540,000
7 560,000
8 510,000
9 560,000
10 540,000
11 550,000
12 570,000
計 6500000
○貸倒引当金繰入額の計算
0
4,800,000
0
650,000
月別売上は会計ソフトを使っていれば、自動入力だね。誰かに給与を払っているときは、ここに記入するのか！

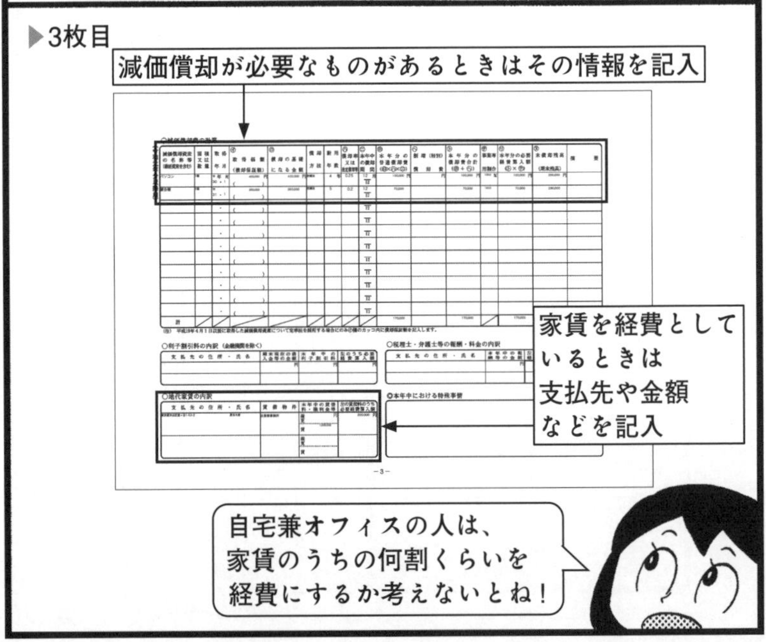
▶3枚目
減価償却が必要なものがあるときはその情報を記入
家賃を経費としているときは支払先や金額などを記入
○利子割引料の内訳
○税理士・弁護士等の報酬・料金の内訳
○地代家賃の内訳
○本年中における特殊事情
自宅兼オフィスの人は、家賃のうちの何割くらいを経費にするか考えないとね！

②申告書に収入と事業所得の金額を転記

副業の場合、ここで給与所得と事業所得を合算します
もし事業所得が赤字の場合は給与所得から赤字分を差し引くことができます!!
じゃあ給料から源泉徴収されている所得税も戻ってくるの!?※
そうです！
だから、副業で赤字が出た人は申告すべきです!!
給与
事業
0

申告書 ▶1枚目 ▶2枚目

申請書「提出用」２枚。他に申請書「控え」２枚がある（税務署の受付印があれば収入を証明できる）

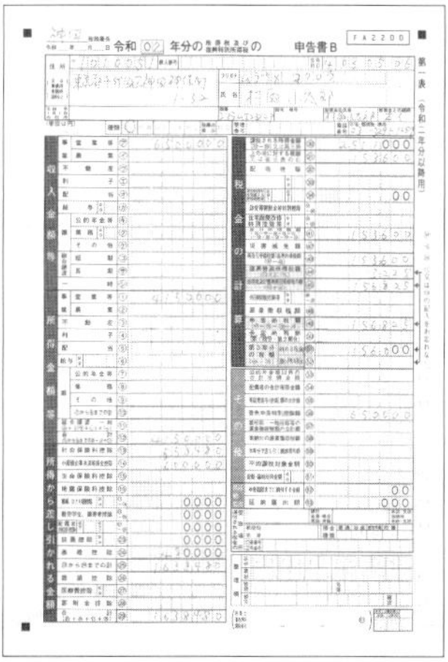

※給与所得が300万円の場合、300万円に対応した所得税が給料から源泉徴収されている。事業所得が20万円の赤字なら、両者を合算した課税所得は280万円。払いすぎていた分が、確定申告することで払い戻される。

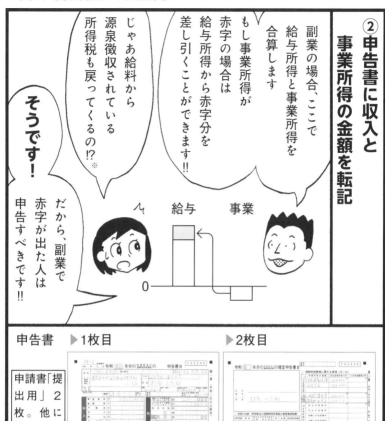

▶1枚目

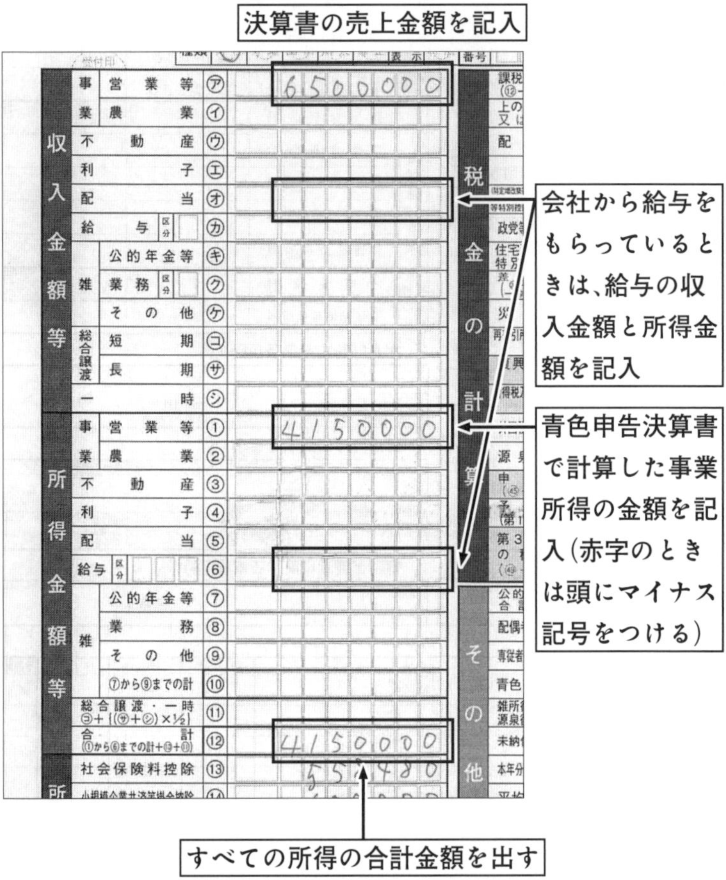
決算書の売上金額を記入
会社から給与をもらっているときは、給与の収入金額と所得金額を記入
青色申告決算書で計算した事業所得の金額を記入（赤字のときは頭にマイナス記号をつける）
すべての所得の合計金額を出す
収入金額等
事業 営業等 ㋐ 6500000
事業 農業 ㋑
不動産 ㋒
利子 ㋓
配当 ㋔
給与 区分 ㋕
雑 公的年金等 ㋖
雑 業務 区分 ㋗
雑 その他 ㋘
総合譲渡 短期 ㋙
総合譲渡 長期 ㋚
一時 ㋛
所得金額等
事業 営業等 ① 4150000
事業 農業 ②
不動産 ③
利子 ④
配当 ⑤
給与 区分 ⑥
雑 公的年金等 ⑦
雑 業務 ⑧
雑 その他 ⑨
⑦から⑨までの計 ⑩
総合譲渡・一時 ㋙＋{(㋚＋㋛)×½} ⑪
合計 (①から⑥までの計＋⑩＋⑪) ⑫ 4150000
社会保険料控除 ⑬
税金の計算
その他

手書きで申告書
まとめるのは、
すごく大変！
会計ソフトか
国税庁の確定
申告書等作成
コーナーを
利用するのが
よさそう

▶2枚目

屋号

フリガナ
氏名 村雨 小太郎

○ 所得の内訳（所得税及び復興特別所得税の源泉徴収税額）

所得の種類	種目	給与などの支払者の名称・所在地等	収入金額	源泉徴収税額
			円	円
		㊽ 源泉徴収税額の合計額		円

○ 総合課税の譲渡所得、一時所得に関する事項（⑪）

所得の種類	収入金額	必要経費等	差引金額
譲渡（短期）	円	円	円

⑭ 小規模企業共済等掛金控除 小規模企業共済 360,000 円

⑮ 生命保険料控除

源泉徴収された収入があるときは申告書の2枚目にその内容と金額を記入する（報酬だけでなく、給与も忘れずに）

支払調書

申告書の２枚目に転記する

令和 2 年分 報酬、料金、契約金及び賞金の支払調書

支払を受ける者	住所（居所）又は所在地	東京都文京区本郷3-33-3
	氏名又は名称	伊集院陽子
	個人番号又は法人番号	

区分	細目	支払金額	源泉徴収税額
イラスト料		110 000	10 210
（摘要）			

売上金額　源泉徴収税額

源泉徴収票

申告書の１枚目と２枚目に転記する

令和２年分　給与所得の源泉徴収票

受給者 氏名（フリガナ）イジュウインヨウコ　伊集院陽子

種別	支払金額	給与所得控除後の金額	所得控除の額の合計額	源泉徴収税額
給与	3 000 000	2 020 000	928 452	54 500

社会保険料等の金額
448 452

（摘要）

給与収入（1·2枚目に記入）

給与所得（1枚目に記入）

所得控除の金額（1枚目に記入）

源泉徴収税額（2枚目に記入）

取引先から「支払調書」をもらった人は、そこに書かれた源泉徴収税額を転記すればＯＫ！

給与をもらっている人は、会社から「源泉徴収票」をもらえるはず！

給与の「収入」「所得」「源泉徴収税額」の金額は、この源泉徴収票の数字をそのまま書けばＯＫ！

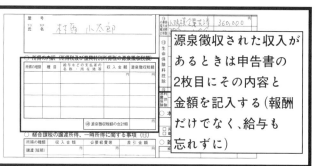

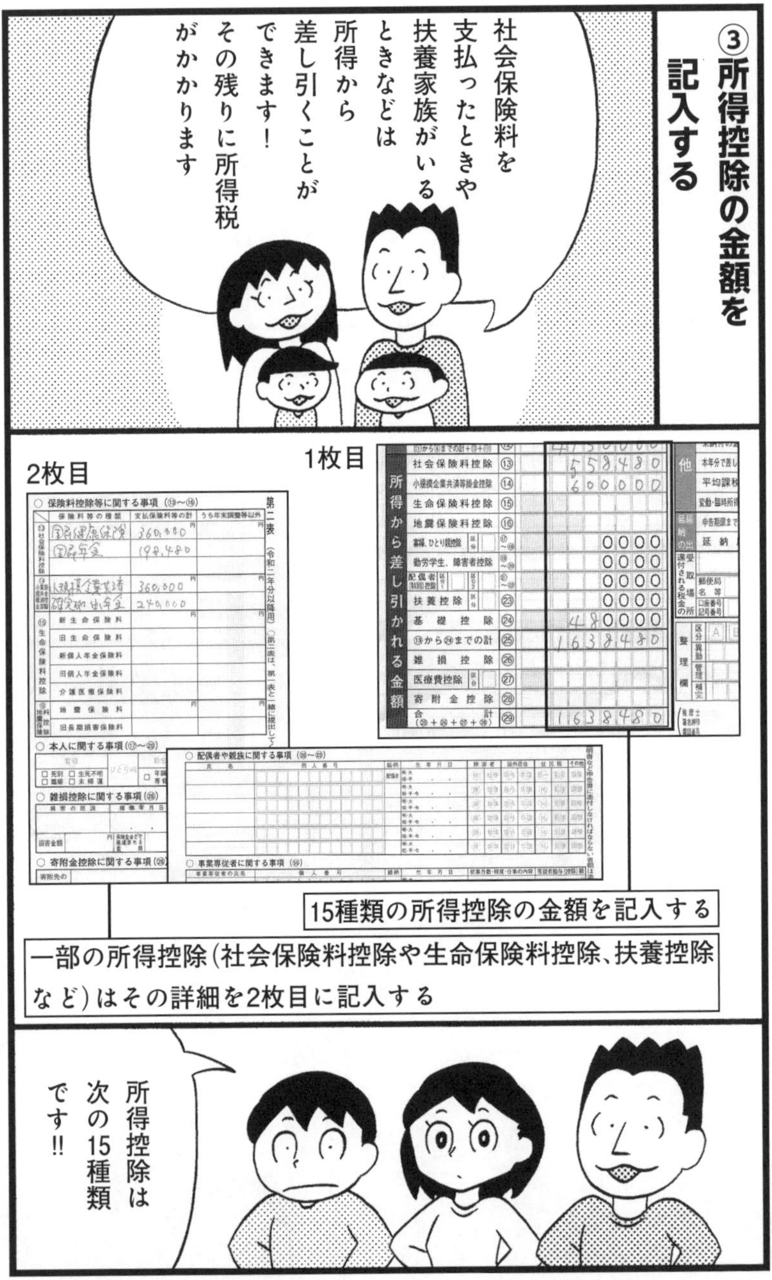
③所得控除の金額を記入する
社会保険料を支払ったときや扶養家族がいるときなどは所得から差し引くことができます！その残りに所得税がかかります
2枚目
1枚目
所得から差し引かれる金額
社会保険料控除
小規模企業共済等掛金控除
生命保険料控除
地震保険料控除
寡婦、ひとり親控除
勤労学生、障害者控除
配偶者(特別)控除
扶養控除
基礎控除
⑬から㉔までの計
雑損控除
医療費控除
寄附金控除
保険料控除等に関する事項（⑬～⑯）
本人に関する事項（⑰～⑳）
雑損控除に関する事項（㉖）
寄附金控除に関する事項（㉘）
配偶者や親族に関する事項（⑳～㉓）
事業専従者に関する事項（㊿）
15種類の所得控除の金額を記入する
一部の所得控除（社会保険料控除や生命保険料控除、扶養控除など）はその詳細を2枚目に記入する
所得控除は次の15種類です!!

●人的控除（一定の条件を満たした人が受けられる控除）

基礎控除	→48万円。ただし、所得金額が2,400万円超だと減額される。
配偶者控除	→配偶者（所得48万円以下）がいる人は38万円。ただし、本人の所得や配偶者の年齢で控除額は変わる。※P108参照
配偶者特別控除	→配偶者（所得48万円超133万円以下）がいる人は最大38万円。本人と配偶者の所得で控除額は変わる。
扶養控除	→扶養する親族がいる人は38～63万円。扶養親族の年齢と同居の有無で控除額は変わる。
障害者控除	→本人・配偶者・扶養親族が障害者のときは27～75万円。障害の程度などで控除額は変わる。
寡婦控除	→夫と死別後に婚姻していない人、夫と離婚して扶養親族を持つ人は27万円。ただし、所得500万円以下の場合のみ。
ひとり親控除	→未婚のひとり親（現在婚姻をしていない人のうち同一生計の子を持つ人）は35万円。ただし、所得500万円以下の場合のみ。
勤労学生控除	→勤労学生である人は27万円。ただし、所得が75万円以下の場合のみ。

●その他の控除（一定の条件を満たした支出や損失があるときに受けられる控除）

雑損控除	→災害、盗難などで個人資産に損失が生じた人は、その損失の一部を控除。
医療費控除	→本人・同一生計親族の医療費を支払ったとき、その支払額から10万円（所得200万円以下は所得の5%）を引いた金額を控除。
社会保険料控除	→本人・同一生計親族の社会保険料（健康保険、介護保険、国民年金など）を支払ったとき、その全額を控除。
小規模企業共済等掛金控除	→小規模企業共済やiDeCo（個人型確定拠出年金）などの掛金を支払ったとき、その全額を控除（本人分のみ）。
生命保険料控除	→一般生命保険や介護医療保険、個人年金保険の保険料を支払ったとき、その支払額の一定割合を控除。
地震保険料控除	→地震保険の保険料を支払ったとき、その支払額の一定割合を控除。
寄附金控除	→特定の寄附金を支払ったとき、寄附金額（所得の40%が上限）から2,000円を引いた金額を控除。

COLUMN 9

家族がいる人は、ぜひとも知っておきたい扶養のこと

「扶養になると税金が安くなる」とはよく聞きますが、具体的にどういう条件で、何が安くなるのか。そのメリットをしっかり生かすため、「扶養」についてきっちり理解しましょう。会社員の夫と専業主婦の妻、小学生と高校生の子ども、以上4人の家族を例に見ていきます。

扶養の話が難しいのは、**「扶養する側（夫）」と「扶養される側（妻、子ども）」のそれぞれにメリットがあり、またメリットを受けるための条件が違っているからです。**

まず、「扶養する側（夫）」のメリットは、**扶養する側の税金が安くなることです。**所得控除（P107）のひとつとして「配偶者控除」「扶養控除」があり、収入の少ない家族（扶養親族）を養っている人は所得税や住民税が安くなります。**年収の基準は150万円（妻）、103万円（妻以外の親族）です。**そのため、世の中の奥さまは年末になるとパート先で、この基準を超えないようにシフトを調整することになるわけです。そうしないと夫の税金が安くなりません。また、収入の基準を知らない子どもが、うっかりアルバイトで稼ぎすぎて、お父さんが扶養控除を受けられなくなったということも少なくありません。

次に「扶養される側（妻、子ども）」のメリット。こちらは税金ではなく、**扶養される側の社会保険料がタダになります。**妻や子どもの年収が130万円以上（規模が大きい会社では

１０６万円以上）になると、その家族は勤務先で社会保険（健康保険、厚生年金）に加入することになります。しかし、収入が基準に達しなければ、保険料を支払うことなくお父さんの被扶養者として社会保険のサービスを受けられます。**妻も子どももお父さんの会社の健康保険証で病院にかかることができるのです。さらに、妻は国民年金保険料の支払い義務も免除されます（3号被保険者）。**

なお、**社会保険の扶養というのは会社員の話。フリーランスが加入する国民年金や国民健康保険には扶養という制度が存在しません。**国民年金は収入が少ない家族であっても保険料の支払い義務がありますし（減免制度はありますが）、国民健康保険は家族の所得を合算して保険料が決まります。ですから、**フリーランスの場合、扶養する側のメリット（妻や子どもの配偶者控除、扶養控除）だけ考えておけば大丈夫です。**

夫
＝扶養する側

- 税金：所得税・住民税の所得控除（配偶者控除、扶養控除）が受けられる
- 社会保険料：扶養親族の有無にかかわらず保険料は一定

妻（配偶者）、その他の扶養親族
＝扶養される側

- 税金：所得が 48 万円以下（給与なら 103 万円以下）なら、所得税はかからない
- 社会保険料：年収が 130 万円以上（一部の会社では 106 万円以上）で保険料を支払うことに

まとめ

基準の金額を1円でも超えると負担が大きく違ってくることも…！

多すぎて、把握できない〜
自分に関係ないのも結構多いなー
該当する控除があれば、それも忘れずに記入すること！
所得控除が増えれば、その分、課税所得が減りますから!!
私の場合会社の給料から天引きされる社会保険料も所得控除になる？
？
もちろん！
会社からもらった源泉徴収票に書かれている所得控除の額をそのまま書き写せば大丈夫です！
源泉
NPOに毎年寄附しているから寄附金控除も入る？
何でも控除できるわけではなく一定の条件を満たすもののみ控除できます
その場合は、証明書や領収書を申告時に添付してください※
NPO

※電子申告の場合は証明書や領収書の添付を省略できるが、一定期間手元に保管しておく義務がある。

④税金の金額を計算する

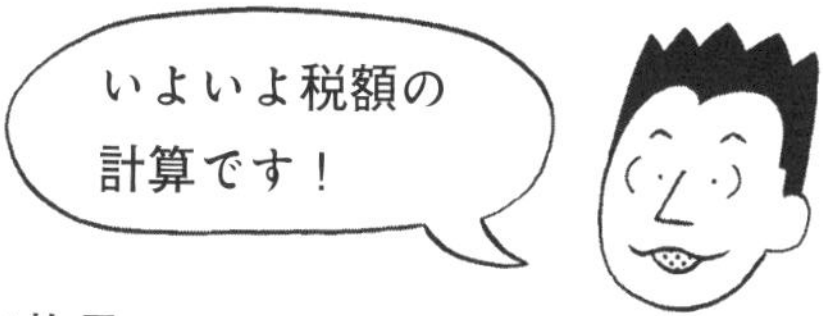

▶1枚目

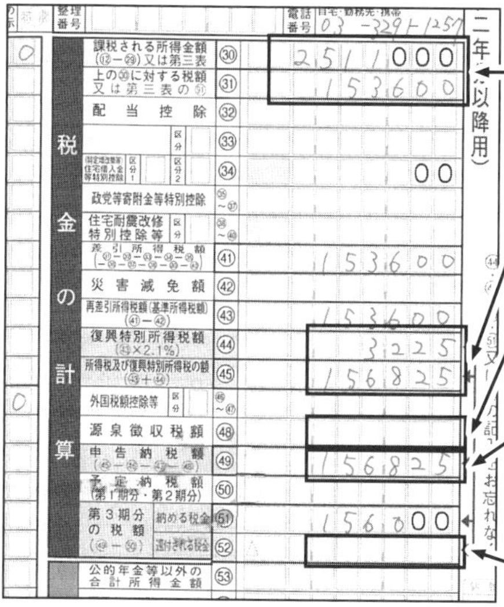

		税金の計算		
0	課税される所得金額（⑫－㉙）又は第三表	㉚	2511000	
	上の㉚に対する税額 又は第三表の㊶	㉛	153600	
	配当控除	㉜		
	区分	㉝		
	(特定増改築等)住宅借入金等特別控除 区分1 区分2	㉞	00	
	政党等寄附金等特別控除	㉟～㊲		
	住宅耐震改修特別控除等 区分	㊳～㊵		
	差引所得税額	㊶	153600	
	災害減免額	㊷		
	再差引所得税額（基準所得税額）（㊶－㊷）	㊸	153600	
	復興特別所得税額（㊸×2.1%）	㊹	3225	
	所得税及び復興特別所得税の額（㊸＋㊹）	㊺	156825	
0	外国税額控除等 区分	㊻～㊼		
	源泉徴収税額	㊽		
	申告納税額（㊺－㊻－㊼－㊽）	㊾	156825	
	予定納税額（第1期分・第2期分）	㊿		
	第3期分の税額（㊾－㊿） 納める税金	51	156000	
	第3期分の税額（㊾－㊿） 還付される税金	52		
	公的年金等以外の合計所得金額	53		

P32の表をもとにして税金の金額を計算する

復興特別所得税（所得税額の2.1%）※を加算する

源泉徴収された金額があるときは記入する

その差額が納付すべき税額

源泉徴収された金額の方が多ければ還付となる（戻ってくる）

※復興特別所得税についてはP34参照。

⑤名前や住所、その他必要な事項を記入する

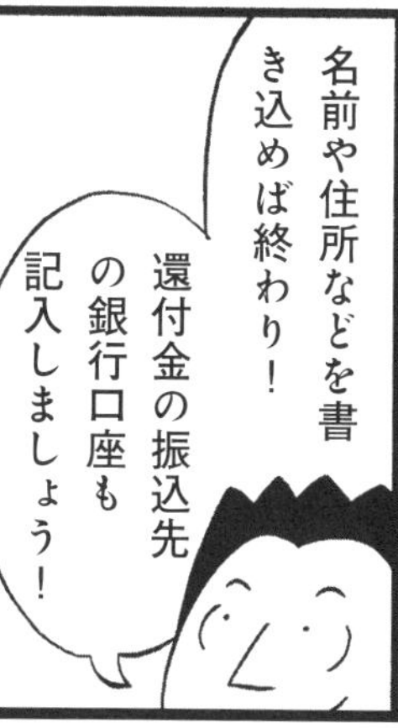

▶1枚目

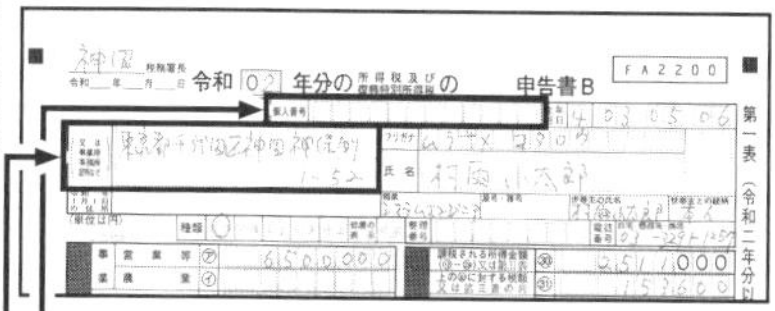

個人番号を記載する必要がある。マイナンバーカードもしくは通知カードで確認できる

原則として自宅の住所を書く。年明け以降に引っ越ししたら、現住所と1月1日時点の住所の両方を記載する

ラクに申告書を作るには
全部自分でやるのは難しそうだよー!!
会計ソフトの機能を使えば簡単にできますよ！
たとえばクラウド型の会計ソフト「ｆｒｅｅｅ」だと質問に答えていくだけで申告書が作成できます！
サッ
サッ
会計ソフトに申告書の作成機能がないときは？
国税庁のサイトの「確定申告書等作成コーナー」を使いましょう!!
少し手間は増えますが画面の指示に従うだけで申告書が作成できるので記入もれや計算違いは防げます!!
○ or ×

※1　税務署に持参も可能

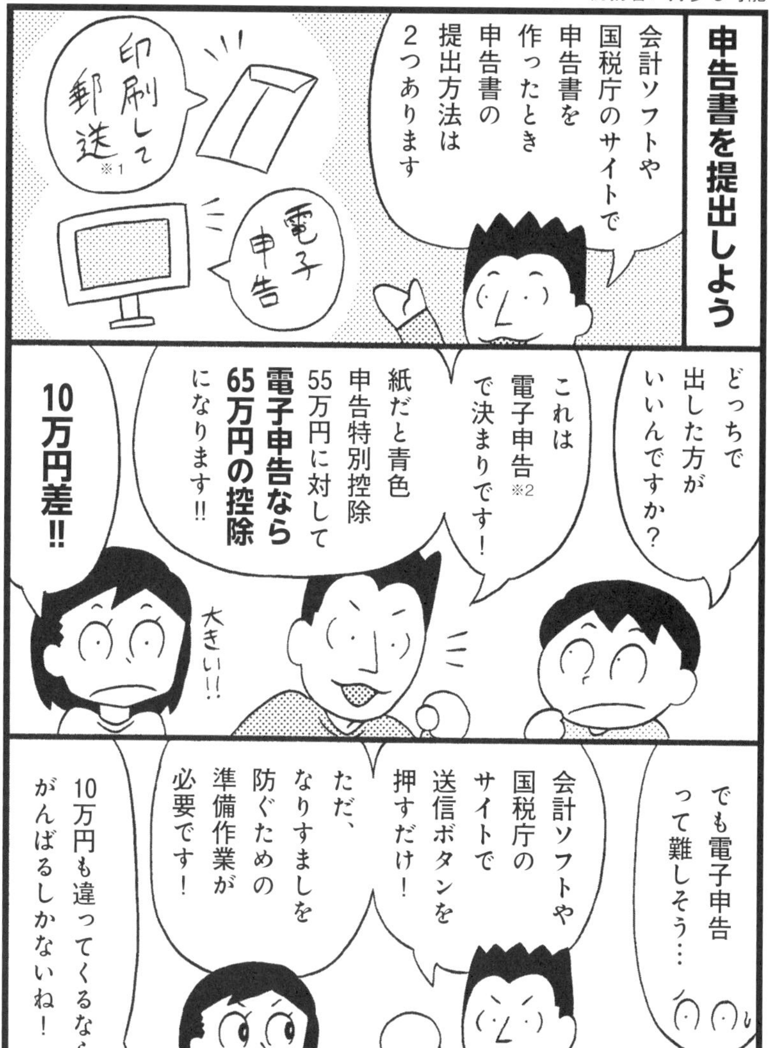
申告書を提出しよう
会計ソフトや国税庁のサイトで作った申告書の提出方法は2つあります
印刷して郵送※1
電子申告
どっちで出した方がいいんですか？
これは電子申告※2で決まりです！
紙だと青色申告特別控除55万円に対して電子申告なら65万円の控除になります!!
10万円差!!
大きい!!
でも電子申告って難しそう…
会計ソフトや国税庁のサイトで送信ボタンを押すだけ！
ただ、なりすましを防ぐための準備作業が必要です！
10万円も違ってくるならがんばるしかないね！
送信

※2　電子申告の場合、源泉徴収票や控除証明書などを添付する必要はないが、後日、税務署から提示を求められることがあるので、一定期間手元に保管しておく。

電子申告の2つの方式がこちらです！
マイナンバーカード方式
パソコンにカードリーダーをつなぎ、マイナンバーカードをセットする。マイナンバーカードの暗証番号を使って本人確認を行なう。
ID・パスワード方式
税務署から電子申告用のIDとパスワードを発行してもらう。原則、税務署の窓口で発行手続きを行なう。
小太郎さんの場合、申告書の送信が終わったら納税も忘れずに!!
確定申告後の納税の手順
申告書を提出
↓
納付書に税額を書き込む※
↓
銀行や郵便局などで支払う
※電子申告ならネットバンキングやクレジットカードでの支払いも可能。
はぁ〜い…

※納付書は毎年1月ごろに税務署から郵送されてくる。もし届かないときは税務署でも配布している。

COLUMN 10

もしも「税務調査」が来たら どうすれば良いの？

税務調査と聞くと、捜査官が何人も踏み込んできて、証拠書類を段ボール箱に詰めて運び出す光景が思い浮かぶかもしれません。でも、普通の税務調査はそんな大げさなものではなく、まじめに申告している限り心配する必要はありません。**税務署が行なう調査には2種類あります。**

①**査察（強制調査）**…脱税を調査するもの。悪質な脱税が見つかったら刑事罰を受けることがある。ドラマや映画に出てくるのはこちら。

②**税務調査（任意調査）**…申告ミスがないかを調査するもの。ミスがあった場合は加算税が課されることがある。

ニュースで見かける調査の風景は、査察の方であり、脱税の中でも金額が大きく、悪質なものに限られます。フリーランスが受けるのは任意の税務調査です。高圧的な取り調べを受けることもなければ、**逮捕されたり、裁判にかけられたりすることもありません。**

調査を受けるのは、申告内容に不審な点がある人が中心ですが、まったく問題がなさそうな人も調査を受ける可能性があります。だから、調査を受けることになっても自分が悪いのではないかと心配しなくても大丈夫。実際に、**調査の結果、何も指摘を受けずにすむことも多いのです。**

税務調査はどういう流れで行なわれるのでしょうか。**まずは税務署の調査官から、電話で「調査したい」との連絡**があり、そこで調査の日程を相談して決めます。予告なしに調査官がやってくることは、普通はありません。また、調査の場所についても、自宅や事務所に調査官が来るのか、自分が資料を持って税務署に出向くのかを相談できます。ただし、**任意調査とは言っても調査自体を拒否することはできません。**

　調査の当日には、帳簿や領収書などの資料（通常は過去3年分）を用意しておきましょう。事業の規模によりますが、**調査の期間は半日から2日くらい。**最初は事業内容の聞き取りから始まり、資料の確認に移ります。そこで、「この売上のもととなる請求書を見せてください」「この領収書は何のために支出したものですか」みたいな質問が出てきます。ドラマで見る犯罪の取り調べとは違って、きわめておだやかなやりとりです。

　一通りの調査が終わると、調査官から問題点の指摘があります。問題とされるのは、だいたい次の3つです。

・売上が正しく計上されていない
・経費にならない支出がまぎれこんでいる
・処理や計算の間違いがある

　通常は、ミスを修正して申告をやり直し（修正申告）、追加の税金や加算税（P53）を支払うように調査官からうながされます。

　しかし、調査官の指摘に納得できないこともあるはず。「この領収書は経費にならない」との**指摘はあくまで調査官の見解にすぎず、修正申告をしない選択肢もあるのです。**そうした場合、税務署は強制的に追加の税額を決める「更正処分」を行なうことができます。ただ、税務署にとって更正処分は面倒な手続きなので、根拠が弱いときなど更正処分が行なわれないこともしばしば。ですから、お金の動きはきっちり説明できるように普段からきちんと経理を行なうことが重要なのです。

まとめ

普段からきっちりやっておけば
何も心配することはない！

税金を少しでも安くするには
税金ってこんなに取られるんだ!! なんとか安くなんないかな〜!?
うーん…
申告書を作る段階だと経費の入れ忘れや所得控除で使えるものがないか点検するくらいしかないですねー…
安くしたいなら年が変わる前に対策しないと!!
そんなこと言わないでさ〜… 今からできる対策を教えてよ〜
もう一度、税金の計算のしくみを確認しましょう！
税金は売上ではなく所得にかかり、所得税ならさらに所得控除を引いた残りにかかる！
やはり経費と所得控除を増やすことが税金減につながりますね
収入（売上）
経費
青色申告特別控除
所得控除
所得（儲け）
所得税がかかる部分
青色申告と電子申告は必須ですね…

改めてチェックしましょう!!

【経費のチェックポイント】

- 経費になる可能性がある領収書はすべて保存しておく
- 仕事用の銀行口座やクレジットカードを分けておくと計上もれを防げる
- 自宅の家賃や光熱費、電話代などの一部を経費にできないか考える（家事按分《かじあんぶん》）
- 持ち家でも家屋の減価償却費や固定資産税の一部を経費にできることも

【所得控除のチェックポイント】※

- 扶養控除や障害者控除、寡婦控除などの適用もれはないか
- iDeCoや小規模企業共済などに加入する
- 国民健康保険料の領収書は保存しておく（控除証明書が出ない）
- 医療費の領収書も保存しておく
- 寄附金控除をうまく使う（ふるさと納税〔P55参照〕など）

※消費税や事業税、国民健康保険料の計算では所得控除を考慮しないから、所得控除を増やしても支払額は変わらない。

年金にも節税しながら老後への備えができるものがあるのでおすすめ！後ほど紹介します
経費をもう一度見直してみようかな…
結婚したり子どもができたりすると当てはまる控除が増えるなぁ

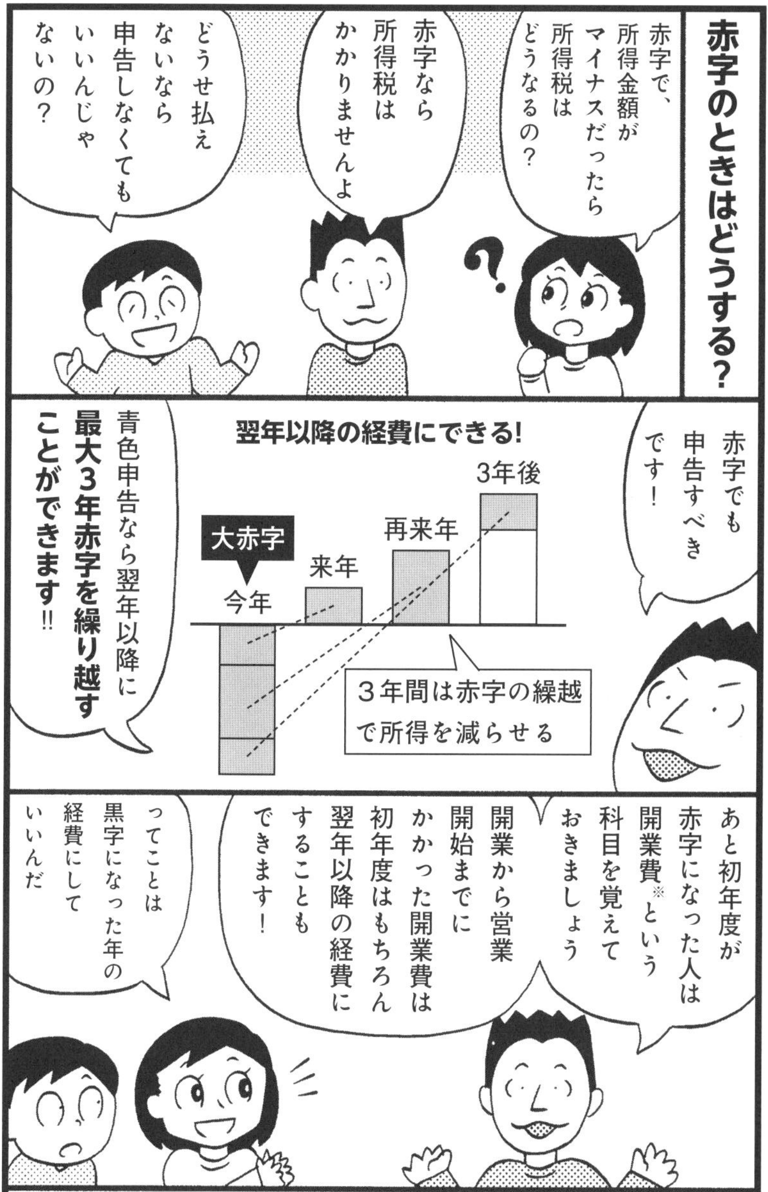
赤字のときはどうする？
赤字で、所得金額がマイナスだったら所得税はどうなるの？
赤字なら所得税はかかりませんよ
どうせ払えないなら申告しなくてもいいんじゃないの？
赤字でも申告すべきです！
翌年以降の経費にできる!
3年後
再来年
来年
大赤字
今年
3年間は赤字の繰越で所得を減らせる
青色申告なら翌年以降に**最大3年赤字を繰り越すことができます**!!
あと初年度が赤字になった人は開業費※という科目を覚えておきましょう
開業から営業開始までにかかった開業費は初年度はもちろん翌年以降の経費にすることもできます！
ってことは黒字になった年の経費にしていいんだ

※開業費となるのは主に消耗品費や宣伝広告費。減価償却が必要な物品を購入したときは、開業費として扱うことはできない。

数日後
小太郎、確定申告最後の調整中
家で確定申告できるなんて便利な世の中～
去年は大変だったもんな～
うわーっ
必死こいて終わらせて汗だくで税務署まで提出しに行ったな…
カードリーダー
マイナンバーカード
こっちの方が控除額もアップするからお得だよね
私もやるから後でカードリーダー貸してね
ありがとう!
そしてそして…

確定申告終わったー!!
やったー!!
ただ…、毎年この作業が必要になるわけで…
記帳とかはコツコツやった方がいいな…
会計ソフトとか使えるものは使ってサクッと終わらせたいね
そうだね！一番大切なのは本業でしっかり利益を出すことだもんね！
次は、ライフプランニングについてやっさんに教えてもらおう!!
ライフプランニング？

COLUMN 11

どんなタイミングで「法人成り」を考えるの？

法人成りとは個人で事業をしていた人が会社を作ること。起業促進という政府の方針によって、以前よりも簡単に会社を作れるようになりました。社長一人だけでも大丈夫ですし、初期費用も15万円くらいですみます。また、以前は株式会社を作ろうとすれば1000万円以上の資本金を用意する必要がありましたが、今では制限が撤廃されて**1円の資本金でも株式会社を作れます。**

　会社を作るメリットは表で紹介するように色々ありますが、**やはり節税の幅を広げようとして法人成りする人が多い**ですね。事業所得が500万円を超えるなら、法人成りによって税金を安くできる可能性が高くなってきます。また、業種によっては**会社を作った方が仕事を取りやすい**ために法人成りすることもあります。

　しかし、**会社を作ると面倒が色々増えます。**会社の経理は個人に比べるとかなり複雑になるし、税務署への申告書を自分で作るのはきわめて難しい。社長一人の会社であっても社会保険への加入義務があるので、その手続きも発生します。また、売上の見通しが大きく外れたときは、かえって税金の負担が増えてしまうことも。

　会社は作るときに手間がかかるだけでなく、**やめるときも大変です。**法人成りをするのであれば、しっかりと将来の見通しを立てた上で、本当にメリットの方が大きいことを確かめてから取りかかることを強くおすすめします。

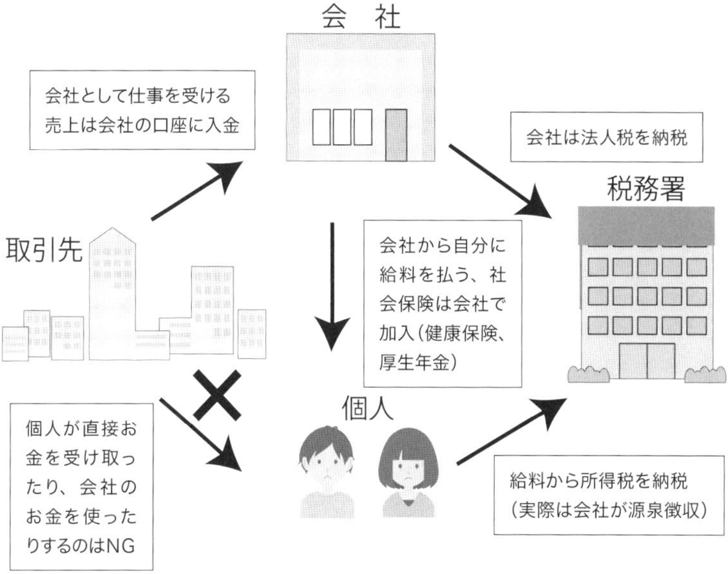
会 社
会社として仕事を受ける
売上は会社の口座に入金
会社は法人税を納税
税務署
取引先
会社から自分に
給料を払う、社
会保険は会社で
加入（健康保険、
厚生年金）
個人
個人が直接お
金を受け取っ
たり、会社の
お金を使った
りするのはNG
給料から所得税を納税
（実際は会社が源泉徴収）

まとめ

安易な節税策として考えると
意外なところに落とし穴がある

会社を作るメリット・デメリットとは

メリット

・社会的な信頼度が高まる
業種によっては会社の方が仕事を取りやすい。会社によっては個人との取引を行なわないところもある。

・節税の方法が広がる
会社で生命保険を契約したり、会社でマンションを借りて社宅として自分に貸したり、さまざまな節税方法がある。

・設立当初は消費税なし
会社設立から２年間は原則として消費税が課税されないため、個人で売上が1000万円を超えたところで法人成りを考える人が多い。

デメリット

・経理や手続きが複雑になる
とにかく作業が増えるので、自分だけでやるのは無理。少なくとも申告は税理士に依頼する必要がある。

・会社独自の費用が増える
税理士など専門家に支払う報酬、社会保険の会社負担分、登記に関する費用など、個人のときにはかからなかった各種費用が発生する。

・税負担が増えることも
売上の見通しが外れたときは税負担が重くなることも。会社の場合、赤字になったときでも税金を支払う必要がある。

COLUMN 12

まだまだある！青色申告の特典について

青色申告の特典として「最大65万円の特別控除」と「最大3年間の赤字繰越」があることはP92で紹介しました。その他にもたくさんのメリットがあるので、とにかく最初に青色申告の申請書だけは出しておきましょう。

まず、**家族に払った給与を経費にできます。**家族と一緒に仕事をしている場合、その家族に支払った給与の全額を経費にできます（青色事業専従者給与）。ただし、「給与の金額を記載した届出書を提出する」「過大な金額は認められない」などの条件があります。ちなみに、白色申告では最大86万円（配偶者）、最大50万円（15歳以上の親族）が経費にできる給与上限です。

そして、**30万円までは減価償却が不要。**10万円以上のモノを購入した場合、通常は減価償却（P82）が必要になります。しかし、青色申告をしているなら、30万円未満のモノはその年にまとめて経費として計上することができます（少額減価償却資産）。

さらに、**貸倒引当金を経費にできます。**売掛金や貸付金を回収できなくなったときに備え、その金額の一定割合を経費として計上することができるのです。

まとめ

青色申告に切り替えるだけで年何十万円もの差が生まれることも！

COLUMN 13

今一人でやっているけど、いずれは税理士に頼むべき？

この本を手に取った方はきっと向上心が強く、税理士に頼まずに自分の力で申告しようと考えていらっしゃることと思います。でも、長期的にフリーランスとしてがんばっていこうとするなら、**一度は税理士に会って心配事を相談することをおすすめしたいです。**

税理士はずっと税金の仕事ばかりをしているので、何に注意をして、どこで手を抜けば良いのかがよく分かっています。私も色んなフリーランスの方を見てきましたが、**「もっとラクにできるのに」と思うこともしばしば**。そして、まじめに経理をやっている人ほど「本当にこのやり方で大丈夫かな」と悩みをかかえています。

税理士の仕事はただ申告書を作るだけではありません。**どのようにすればミスを防ぎつつ、経理の手間を最小限にできるのか、その人に合った方法を提案することも可能です。**他にも、経費の計上もれがないか、使っていない節税のテクニックはないか、といったアドバイスもできます。中には申告書を作るだけで話を聞いてくれない税理士もいるかもしれませんが、そんなときは私のところに来てください。モヤモヤを解消して、スッキリした気持ちで仕事しましょう！

まとめ

税理士の本当の仕事は、納税者に安心して仕事に取り組んでもらうこと

Freelance Money Talk

4章まとめ

確定申告は、毎年の作業だから サクッと終わらせる体制を整える！

青色申告 55/65 万円控除で、「確定申告書」を作成！ 会計ソフトで、手軽に作れるものもある！

毎年、時間をとられて、バタバタの人多いよね（自分のこと）

いざ確定申告。決算書の内容を転記&控除を差し引き、「税金額」や「還付金」の額を確定させる！

確定申告のポイントはコレ！

電子申告が10 万円お得	所得控除を差し引く	赤字の人も申告する	提出期限は絶対守る

源泉徴収で、あらかじめ所得税が差し引かれている人は、払いすぎている場合は、還付金として戻ってくるんだよね

油断すると、こうなることも…
税
追加

遅れるとペナルティあり！
赤字だと翌年以降に繰り越せるからお得です！ できるだけ該当する所得控除を利用することで、納税額を減らすことができます
提出期限
2/16〜3/15
サッ

時間をかけすぎずに

確定申告は、手際よくまとめ 本業でしっかり利益を出す！

5章

将来を予測して、ライフプランを作ろう！

確定申告を無事終えて、仕事のお金の問題を解決した小太郎。ほっとしたのも束の間、人生の大きな決断をすることになります。そして、今後の人生、どのようにお金をやりくりしていくかを考える、ライフプランを作ることに……。

あ、コタロー！
待っ
ヨーコちゃん

みらいプランニング
税理士事務所
結婚することになりました
最初の修行パートなんだったんですか⁉
覚悟を決める的なアレです
まぁ、とにかくおめでとうございます！
お似合いのお二人です！
ありがとうやっさん‼
ただ…
今後の人生設計が全然見えなくて…
やっさんにライフプランニングの特別レッスンをしてもらおうかなと…
なるほど‼お任せください
FP佐々木‼

早速ですが自分の理想の将来を5つのテーマで考えてみてください
理想の将来？
結婚
最近は地味婚が流行りだけど俺は盛大に祝いたいなぁ…
家族
にぎやかな家庭がいいなぁ
マイホーム!!
仕事
会社員時代は不規則だったけど規則正しく働きたいな
趣味
いつかマイカーでキャンプとかしたいなぁー
老後
贅沢は望まない…つつましく最低限の生活ができたらいいな

小太郎さんは仕事はほどほどに抑えてプライベートを充実させたいんですね
では、今の理想の実現をはばむリスクや不安ってなんですか？
リスクや不安ですか？
ケケケ
う〜ん…
これからの人生で、理想の実現をはばむさまざまな障害が出てきますが…
車が飛び出してくるかも…
やっぱり！
どんなリスクがあってどんな不安を感じているのかを明確にしておけば落ち着いて対処できます！

結婚
盛大にするにはお金がかかる！
家族
ちゃんと稼いで養えるの!?
親の介護も心配
仕事
年を取っても仕事あるのかな…？病気で働けなくなるかも…
趣味
車を維持していく経済的な余裕がほしい…
老後
持ち家と…
最低限のお金は確保したい〜！

こうやって見ると小太郎さんのリスクや不安は、お金で解決できることが多いですね
お金
お金の確保には安定した仕事が必要ですがまずはお金について考えましょう!
お金で解決ねぇ…
何だその目!!
実際、大事でしょーよお金!!
まあまぁ
人生のリスクや不安の多くはお金の問題から来るものなんですよ
お金大事!!
フーン…
今まであんまり深く考えたことないけど
ちゃんと考えないとダメだね
ホレみろ

※将来の収支状況を予測し、貯蓄残高の推移を時系列に表わした表。

キャッシュフロー表を作成しよう！（P142参照）

まずは、エクセルなどを使ってキャッシュフロー表を作りましょう！日本FP協会のホームページからもフォーマットをダウンロードできます！
日本FP協会
https://www.jafp.or.jp/know/fp/sheet/

次のように作ります！
子どもの名前まで決めなくていいよ！
お金の計算は家計簿つけるのと同じ感じだね

〈キャッシュフロー表の作成手順〉

STEP 1

家族の年齢などを記入

年、経過年数、家族の年齢を入れます。子どもを作る予定の人は、子どもの年齢も入れましょう。

STEP 2

ライフイベントを記入

子どもの小学校入学など、主なライフイベントを書き込んでいきます。それにかかる金額はSTEP4の支出に記入。主なイベントの金額はP137を参考に。

STEP3

家計の収入を記入

予測される収入を書き込む。確定申告の所得額を書き込みます。

STEP4

予測される支出を記入

予測される支出を書き込みます。金額についてはP138、139の情報を参考に。

STEP5

貯蓄残高を記入

もともとある貯蓄額に、収入から支出を差し引いた額を差し引きします。

ライフイベントの必要費用か…
キャッシュフロー表作成の参考にしたいね！

〔ライフイベントの必要費用〕

結婚費用　355万円

挙式、披露宴、結婚指輪、新婚旅行などを合わせた金額。小規模にすれば費用は抑えられる。

出典：2019年「結婚トレンド調査」

出産費用　10万円弱

入院費などで50万5759円ほどかかるが、健康保険から出産育児一時金42万円が出るため、差額10万円弱が必要。

出典：国民健康保険中央会「出産費用 平成28年度（2016年）」

住宅の購入にかかる費用

土地付き注文住宅	マンション
4257万円	4521万円

購入する場所や、建物の大きさ、中古かどうかなどによっても、費用は大きく変わる。

出典：住宅金融支援機構「フラット35利用者調査（2019年）」

リフォームにかかる費用

平均
610.4万円

住み始めて10〜20年ほどで、建物の老朽化や家族構成の変化で、リフォームが必要になる。

出典：リクルート「2017年大型リフォーム実施者調査」

続いては生活全般にかかわる支出の参考例です

〔生活全般にかかわる支出の参考例〕

〈基本生活費（月額）〉

年代	消費支出
～29歳	21.5万円
30～39歳	28.9万円
40～49歳	32.4万円
50～59歳	35.1万円
60～69歳	30.21万円
70歳～	26.64万円

食費、住宅費（家賃、ローン）、水道光熱費、交通費、教育（学費）、娯楽、こづかい、交際費などの平均。

出典：総務省「家計調査年報」2018年

〈車両費〉

車種	軽自動車	コンパクトカー	ミニバンなど
年間費用	35万円	40万円	50万円

自動車税等の税金、自賠責保険等の保険、点検費用、車検費、駐車場代、燃料費などを含む。乗る頻度や駐車場代の有無、エコカーかどうかなどで金額は変わる。

出典：自動車税や自賠責保険などから算出

〈教育費（年額）〉

	公立・国立	私立
幼稚園・保育園	22万円	53万円
小学校	32万円	160万円
中学校	49万円	141万円
高校	46万円	97万円
大学	80万円	134万円

大学や、文系・理系、学科などによって学費は異なる。また、下宿か通学かよっても費用が変わる。

出典：文部科学省「子どもの学習費調査」（平成30年度）、文部科学省「国立大学等の授業料その他の費用に関する省令」「私立大学等の平成30年度入学者に係る学生納付金等調査結果」など

〈保険費〉

	年間平均額
夫婦のみ（40歳未満）	22.8万円
夫婦のみ（40歳以上）	28.8万円
夫婦と扶養子有（末子乳幼児）	36.0万円
夫婦と扶養子有（末子小中学生）	41.9万円
夫婦と扶養子有（末子高校生以上）	82万円

保険については、人や家庭、世代ごとに金額は大きく異なる。基本は家族がいる際にかける。

出典：公益財団法人 生命保険文化センター「平成24年度 生命保険に関する全国実態調査」「平成27年度 生命保険に関する全国実態調査」

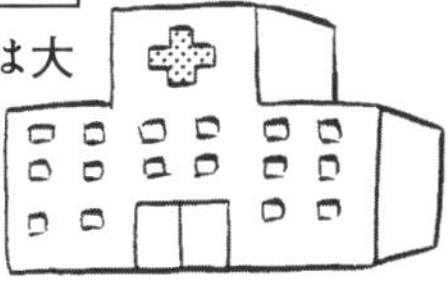

これらを参考にキャッシュフロー表を作ってみましょう!!
よーし
俺らの未来をまとめるぞ!!

COLUMN 14

ライフプランを考える前に、家計簿をつけてみよう！

キャッシュフロー表を作るとき、「1カ月の生活費は〇万円」とすぐに数字が出てきましたか？　具体的な数字をすぐ答えられる人は少ないです。

でも、将来に不安を感じるのであれば、2～3カ月の期間限定で生活費がいくらかかっているかを計算してみるべきです。けっして1円単位で細かい数字を記録する必要はありません。**「月×万円あれば自分は生きていける」という大まかな数字を知ることが大事**なのです。

家賃や光熱費、通信費あたりは、通帳やカードの明細を見れば金額が分かりますね。**計算が必要になるのは、食費や飲み代など日々の細かい支出です。**毎日記録するのは面倒なので、袋を用意してレシートをその中にほうり込んでおきましょう。レシートがなければ金額を書いたメモを入れておきます。そして、電卓を叩くか、エクセルを起動して1カ月分の合計を出します。

もし使いすぎで節約が必要だと思ったら、次の月は2つの袋を用意。片方は生活にどうしても必要な出費のレシート、もう片方には削ることができる出費のレシートを入れてください。また**1カ月分をまとめて計算すれば、自分の最低限の生活費と、節約可能な金額が分かります。**

まとめ

まずは家計簿で、生活維持に最低限必要な金額を把握しよう！

できたー
私たちの人生計画

2030	2031	2032	2033	2034	2035	2036	2037	2038	2039	2040
9年後	10年後	11年後	12年後	13年後	14年後	15年後	16年後	17年後	18年後	19年後
38	39	40	41	42	43	44	45	46	47	48
39	40	41	42	43	44	45	46	47	48	49
7	8	9	10	11	12	13	14	15	16	17
4	5	6	7	8	9	10	11	12	13	14
	旅行（国内30万円）	長女小学校入学（公立32万円）、犬を飼う（20万円）			長男中学校入学（公立49万円）	車買い替え（200万円）		長女中学校入学（公立49万円）、長男高校入学（公立46万円）		
430	430	430	430	430	430	430	430	430	430	430
100	100	100	100	100	100	100	100	100	100	100
—	—	—	—	—	—	—	—	—	—	—
530	530	530	530	530	530	530	530	530	530	530
240	240	240	240	240	240	240	240	240	240	240
130	130	130	130	130	130	130	130	130	130	130
30	30	30	30	30	30	30	30	30	30	30
54	54	64	64	64	81	81	81	95	95	95
18	18	18	18	18	18	18	18	18	18	18
—	—	—	—	—	—	—	—	—	—	—
—	30	—	—	—	—	200	—	107	—	—
472	502	482	482	482	499	699	499	620	513	513
58	28	48	48	48	31	−169	31	−90	17	17
782	810	858	906	954	985	816	847	757	774	791

の手がはなれ、陽子はフリーランスのイラストレーターとして所得100万円にアップ

ローン終了、年金生活スタート

2050	2051	2052	2053	2054	2055	2056	2057	2058
29年後	30年後	31年後	32年後	33年後	34年後	35年後	36年後	37年後
58	59	60	61	62	63	64	65	66
59	60	61	62	63	64	65	66	67
27	28	29	30	31	32	33	34	35
24	25	26	27	28	29	30	31	32
女結婚 82万）	初孫誕生		車買い替え（200万）		長男結婚（182万）			
430	430	430	430	430	430	430	80	80
100	100	100	100	100	100	80	80	80
—	—	—	—	—	—	—	—	—
530	530	530	530	530	530	510	160	160
240	180	180	180	180	180	180	180	180
130	130	130	130	130	130	130	130	20
30	30	30	30	30	30	30	30	30
—	—	—	—	—	—	—	—	—
—	—	—	—	—	—	—	—	—
—	—	—	—	—	—	—	—	—
182	—	—	200	—	182	—	—	—
582	340	340	540	340	522	340	340	230
−52	190	190	−10	190	8	170	−180	−70
−20	170	360	350	540	548	718	538	468

全体像はこんな感じです！
次ページから細かく見ていきましょう

〈キャッシュフロー表〉

金額の単位：万円

年	2021	2022	2023	2024	2025	2026	2027	2028	2029
経過年数	現在	1年後	2年後	3年後	4年後	5年後	6年後	7年後	8年後
小太郎	29	30	31	32	33	34	35	36	37
陽子	30	31	32	33	34	35	36	37	38
長男			0	1	2	3	4	5	6
長女						0	1	2	3
ライフイベント		結婚（423万円）	長男出産（25万円）、住宅購入（頭金200万、ローン3300万円）、	長男保育園（22万円）		長女出産（25万円）	長女保育園（22万円）	車購入（200万円）	長男小学入学（公32万円）
小太郎の収入（手取り）	430	430	430	430	430	430	430	430	430
陽子の収入（手取り）	172	172	100	50	50	50	50	50	100
一時的な収入	—	—	—	—	—	—	—	—	—
収入合計（A）	602	602	530	480	480	480	480	480	530
基本生活費	180	180	210	210	210	240	240	240	240
住居関連費	150	150	130	130	130	130	130	130	130
車両費	0	0	0	0	0	0	0	30	30
教育費	0	0	0	22	22	22	44	44	54
保険料	0	0	18	18	18	18	18	18	18
その他の支出	20	20	ローン（3300）		—	—	—	—	—
一時的な支出	0	423	225	—	—	25	21	200	—
支出合計（B）	350	773	583	380	380	435	453	662	472
年間収支（A－B）	252	−171	−53	100	100	45	27	−182	58
貯蓄残高	800	629	576	676	776	821	848	666	724

住宅　頭金200万　年間130万円×35年ローンで想定

年	2041	2042	2043	2044	2045	2046	2047	2048	2049
経過年数	20年後	21年後	22年後	23年後	24年後	25年後	26年後	27年後	28年後
小太郎	49	50	51	52	53	54	55	56	57
陽子	50	51	52	53	54	55	56	57	58
長男	18	19	20	21	22	23	24	25	26
長女	15	16	17	18	19	20	21	22	23
ライフイベント	長女高校入学（私立97万円）、長男私立大学入学（公立80万円）		住宅リフォーム（344万円）	長女大学入学（私立134万円）、長男大学卒業・就職	車買い替え（200万円）		長女大学卒業・就職		
小太郎の収入（手取り）	430	430	430	430	430	430	430	430	430
陽子の収入（手取り）	100	100	100	100	100	100	100	100	100
一時的な収入	—	—	—	—	—	—	—	—	—
収入合計（A）	530	530	530	530	530	530	530	530	530
基本生活費	240	240	240	240	240	240	240	240	240
住居関連費	130	130	130	130	130	130	130	130	130
車両費	30	30	30	30	30	30	30	30	30
教育費	177	177	177	214	134	134	134	—	—
保険料	18	18	18	18	18	18	18	—	—
その他の支出	—	—	—	—	—	—	—	—	—
一時的な支出	—	—	344	112	200	—	—	—	—
支出合計（B）	595	595	939	744	752	552	552	400	400
年間収支（A－B）	−65	−65	−409	−214	−222	−22	−22	130	130
貯蓄残高	726	661	252	38	−184	−206	−228	−98	32

※本来、キャッシュフロー表を作成するときは物価上昇や運用利回りを考慮した金額を記入しますが、ここでは記入しやすいように変動率をゼロとしています。

STEP1 家族の年齢などを記入

とりあえず4人家族で設定したよ
子どもは男女の3歳違いだね

年	2021	2022	2023	2024	2025	2026	2027
経過年数	現在	1年後	2年後	3年後	4年後	5年後	6年後
小太郎	29	30	31	32	33	34	35
陽子	30	31	32	33	34	35	36
長男			0	1	2	3	4
長女						0	1

STEP2 ライフイベントを記入

結婚の翌年に長男出産
子どもが生まれるとライフイベントって子ども中心になるね
あくまで、仮の想定だけどね！子どもがいない人生の選択肢ももちろんあるよね

ライフイベント		結婚（423万円）	長男出産（25万円）、住宅購入（頭金200万、ローン3300万円）	長男保育園（22万円）		長女出産（25万円）	長女保育園（22万円）

STEP3 家計の収入を記入

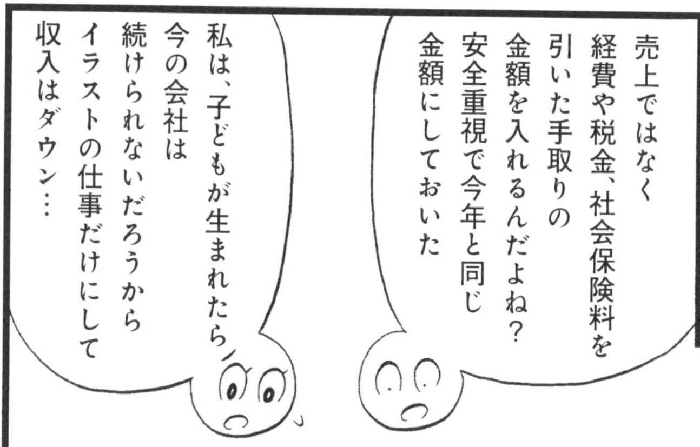
売上ではなく経費や税金、社会保険料を引いた手取りの金額を入れるんだよね？安全重視で今年と同じ金額にしておいた
私は、子どもが生まれたら今の会社は続けられないだろうからイラストの仕事だけにして収入はダウン…

小太郎の収入（手取り）	430	430	430	430	430	430	430
陽子の収入（手取り）	172	172	100	50	50	50	50
一時的な収入	—	—	—	—	—	—	—
収入合計（A）	602	602	530	480	480	480	480

収入ダウン

STEP4 予測される支出を記入

結婚式がかなりかかるね
郊外に3500万円の家を頭金200万円の35年ローンで購入※1
人生でもっとも大きな買い物だね
子どもが生まれたら保険にも入っとこうか…

基本生活費	180	180	210	210	210	240	240
住居関連費	150	150	130	130	130	130	130
車両費	0	0	0	0	0	0	0
教育費	0	0	0	22	22	22	44
保険料	0	0	18	18	18	18	18
その他の支出	20	20	ローン（3300）		—	—	—
一時的な支出	0	423	225※2	—	—	25	21
支出合計（B）	350	773	583	380	380	435	453

※１家賃年間150万円→ローン年間130万円に　※２ローンの頭金200万円と長男出産25万円

年	2021	2022	2023	2024	2025	2026	2027	2028	2029
年間収支（A－B）	252	−171	−53	100	100	45	27	−182	58
貯蓄残高	800	629	576	676	776	821	848	666	724

年	2041	2042	2043	2044	2045	2046	2047
経過年数	20年後	21年後	22年後	23年後	24年後	25年後	26年後
小太郎	49	50	51	52	53	54	55
陽子	50	51	52	53	54	55	56
長男	18	19	20	21	22	23	24
長女	15	16	17	18	19	20	21
ライフイベント	長女高校入学（私立149万円）、長男私立大学入学（私立112万円）		住宅リフォーム（344万円）	長女大学入学（私立112万円）、長男大学卒業・就職	車買い替え（200万円）		長女大学卒業・就職
小太郎の収入（手取り）	430	430	430	430	430	430	430
陽子の収入（手取り）	100	100	100	100	100	100	100
一時的な支出	—	—	344	112	200	—	—
支出合計（B）	595	595	939	744	752	552	552
年間収支（A－B）	−65	−65	−409	−214	−222	−22	−22
貯蓄残高	726	661	252	38	**−184**	**−206**	**−228**

順調に増えていた貯金が……
マイナスに!!

みらいプランニング
税理士事務所
なるほど 24年後に…
しかも、その後 少しずつ貯蓄を 戻していった として…
36年後の 年金生活開始後に

年間収支が マイナスに!!

年	2055	2056	2057	2058
経過年数	34年後	35年後	36年後	37年後
小太郎	63	64	65	66
陽子	64	65	66	67
長男	32	33	34	35
長女	29	30	31	32
ライフイベント	長男結婚（182万）			
小太郎の収入（手取り）	430	430	80	80
陽子の収入（手取り）	100	80	80	80
一時的な支出	182			
支出合計（B）	522	340	340	230
年間収支（A－B）	8	170	**−180**	**−70**
貯蓄残高	548	718	538	468

このままじゃ
うちは…
老後に
飢え死にする～!!
貯金が底を
つくのも
時間の問題…
とりあえず
落ち着いて…
一緒に対策を
考えましょう
ライフイベントに
かかるお金の中で
特に大きなポイントに
なるのは次の４つ！
・子どもの教育費
（一人あたり幼稚園から大学まで1000万円）※1
・住宅の取得
（平均3500万円前後）
・リタイア時に必要な老後資金
（2000万円）
・介護施設への入居費
（1200万円）※2
※1　すべて私立だと2000万円近くなる。
※2　特養平均月額7～15万円を10年間として1200万円

キャッシュフロー表では、毎年の収支と貯蓄残高の推移に注目しましょう
貯金ってどれくらいあればいいの？
できれば**半年分の生活費**くらいはあるといいですね
半
年

年	2043	2044
経過年数	22年後	23年後
小太郎	51	52
陽子	52	53
長男	20	21
長女	17	18
小太郎の収入（手取り）	430	430
陽子の収入（手取り）	100	100
一時的な収入		
収入合計（A）	530	530
基本生活費	240	240
住居関連費	130	130
一時的な支出	344	112
支出合計（B）	939	744
年間収支（A－B）	−409	−214
貯蓄残高	252	38

生活費の半年分
120〜180万円は
貯蓄に残したい

半年分の生活費か〜
支出が多いときは注意しないとね!!

収支がマイナスになるのは「子どもの教育費がかさむとき」「仕事をリタイアした後」が特に多いんです
ここに向かって準備を進めましょう
落ち込むことないですよ！
あくまでシミュレーションです
気楽に!!
先のことなんてどうなるかわからないですもんね
キャッシュフロー表の目的は、自分の人生を考えるきっかけ作りです！
課題が明確になれば対策を考えて不安を解消できるかもしれません
定期的に作り直してその都度課題を明らかにすることをおすすめします！

確かに何が課題かはわかったね
教育費がかさみそうなときは奨学金制度なんかも頭に入れておくといいかも
うんうん
順調でも病気になる可能性もあるし
保障を考えておくことも大事だね
よし！キャッシュフロー表で人生設計をもう一度見直そう！
もっと上手くやりくりする方法があるかもしれない!!
そうだね！
後ろ向きにはキャッシュフロー表を使わないということが実は、一番大事なことです！
次回以降でリスク対処のための制度やしくみを学んでいきましょう!!
よ〜し!!
人生なんとかなる!

…あの〜 やっさん
ひとつ人生相談してもいいですか？
はい！どうぞ！
結婚式するとか子どもを持つとか保険に入るとか
人生は正解がない選択の連続だって思うんです
将来設計とか見えないリスクとか曖昧なもので判断していくのはなにか窮屈で…
やっさんはどう判断するのが良いと思いますか？
そうですね

私はフリーランスになるときに、妻と相談して子どもを持たないという選択をしました
経済的な不安にとらわれてそんな決断をしたことをすごく後悔しています…
不安のもとを洗い出して解決する努力をしていれば思い通りにならなくとも後悔はなかったんじゃないかと
後ろ向きにはキャッシュフロー表を使わないだね
お金やリスクはあくまで判断材料のひとつ！ それだけで自分の進む道を制限してしまうのは違うと思います もちろん実現不可能なこともありますよ！ でも、ある程度可能性のある道なら勢いで決断するのも大切です
…そっか
人生なんとかなるの精神ですね！
決心がつきました!!
がんばるぞ！

COLUMN 15

いつかは夢のマイホーム！フリーランスが家を買うには？

最近はフリーランスでも住宅ローンを借りやすくなっているので、今がんばって家を買えば将来は安心。そう考えて、仕事が安定したところで、自宅購入を真剣に検討するフリーランスが多いです。

「持ち家と賃貸とどっちがトクか？」としばしば議論になりますが、一生分の支出総額で見るとあまり大きな差はありません。持ち家であっても、税金やリフォームなどの費用がかかります（集合住宅なら管理費も）。むしろ重視したいのは**精神的な充実度**です。自分の家があるという満足感や安心感はお金に換算できない価値があります。

ただ、フリーランスが家を買うときに考えて欲しいのが、**住宅ローンを払えなくなるリスク**です。返済が半年止まったら、家の売却を強いられることも。最悪のケースでは、住むところを失い、さらに借金だけが残ることも考えられます。

もし住宅ローンを借りるのであれば、**最長の35年で毎月の返済額をなるべく少なく**してください。また、繰上返済するときも期間を短縮せず、毎月の返済額を減らしていきます。早く完済したいという誘惑がありますが、とにかく返済を止めないことを最優先に考えます。

まとめ

安心を買おうとして、返済地獄に落ちないよう計画作りをしっかりと！

Freelance Money Talk

5章まとめ

キャッシュフロー表は あくまで判断材料のひとつ！

未来の人生計画を、お金の視点からまとめていくキャッシュフロー表を作ると、さまざまな問題点が見えてくる！

老後資金が少なくて、絶望的な状況が見えてきた…

これからの人生、いくらお金がかかるのか？
未来のお金のことをしっかり把握する。

そのうえで

家のローン	子どもの教育費用	老後資金

← **課題を明確にして対策を打つ！**

奨学金制度を利用するとか、老後資金を積み立てるとか、対策が打てるね
ある程度可能性があるなら、ときには勢いで決断することも大切ですよ
ときには勢いも大事！

よくありがちなのが…
お金がかかるから「子どもを持つのはやめよう」「マイホームはあきらめよう」など、後ろ向きな人生設計をすること…

人生なんとかなるの精神で 前向きに人生設計をする！

6章

知らないと大損！社会保険

一家の大黒柱となった小太郎は、保険についても考え始めます。まずは社会保険（国民年金と国民健康保険）にはどんな保障があるの？　民間の保険って入った方が良いの？　保険についての素朴な疑問をぶつけます。

カンパ〜イ
結婚おめでとー!!
ありがとう!!
で、式はどうすんの？
東雲洋二郎（30）
小太郎の幼馴染
ハワイで豪華な式を…と思ってたんだけどね
将来のこととか考えたら節約した方が良いかな〜って

何か小太郎大人になったなぁ
その場しのぎな生き方だったのに
何を言う！俺はずっと大人だぜ
子どもが生まれてから何か変わったことある？
子ども中心の生活にはなるよね～生命保険にも入ったし
生命保険!?
死んでから金もらって何になるって言ってたじゃないか!!
そりゃ入るだろー!!
親になったんだから！
はえ～。

みらいプランニング
税理士事務所
もー驚いちゃって!
で、保険の必要性を知りたいと…
わかりました!!
今日は「保険」について見ていきましょう!!
どこが運営しているかで保険を見ると
◎メイン
国などの公的機関が運営
「公的な保険」
○サブ
企業や団体などが運営
「民間の保険」
基本的には公的な保険それで補えない部分を民間の保険で備えるという感じです

〈公的な保険制度のいろいろ〉

病気やケガに備える	健康保険	会社勤めの人が対象
	国民健康保険	他の健康保険に入っていない人が対象
	労災保険	会社勤めの人の業務・通勤中の事故を保障
老後の生活を支える	厚生年金	会社勤めの人が対象
	国民年金	厚生年金に加入していない人が対象
介護をサポートする	介護保険	40歳以上の人が加入
失業・再就職に備える	雇用保険	会社勤めの人が対象

※　フリーランスに関係するのは網かけの保険。いずれも強制加入となっている

病気やケガに備える
国民健康保険について
ではメインの公的な保険から！主なものは「健康保険」と「年金」の2つ
まずは「健康保険」から
病院などで保険証を出すと医療費は3割負担で済みますよね？これが「健康保険」です
病院で保険証出しますよね？
小太郎さんは退社の際に「国民健康保険」に切り替えましたよね？
私は？
陽子さんは会社の方で「健康保険」に加入しているので副業をしていても重複して加入する必要はありません
フムフム
「国民健康保険」
・医療費の自己負担は3割
・高額な療養費は一部が給付される
・出産育児一時金（42万円）
・葬祭費（1～7万円）など
会社員の健康保険との違いは何ですか？
自己負担3割は同じです！
ただし!!

会社員の健康保険には
・長期間働けないときの傷病手当金
・出産によって会社を休業した場合の出産手当金
・所得額が少ない家族を自分の扶養にできる
などもついてます
国民健康保険にはないの!?
ガーン
俺も健康保険入りたいよ…
入れますよ
え?
任意継続制度※というのがあって、退社しても2年間は会社の健康保険を続けられます! ただし、会社負担分を含め全額自分の負担です
出産手当金や傷病手当金なども支給されないのでご注意を!!
「任意継続制度」
そういや辞めるときに健康保険どうするかって聞かれたぞ!
このことだったのかーい!!
あああ…
バカモノ
話を戻しますが国民健康保険の保険料は地域によって変わります!!
※退職日の翌日から20日以内に申込みが必要です。

東京都文京区在住の方の場合はこんな感じです
所得300万円
年間保険料30万5000円
所得600万円
年間保険料58万7000円
所得900万円
年間保険料82万円
※東京都文京区、2020年度、1人世帯、40歳未満の場合。
結構高いなぁ 健康保険は所得によって変わるのかぁ～
前年の所得で保険料が決まるので、独立して国民健康保険に替えたらビックリ！という人は結構多いですね 所得税や住民税よりも高くなることが多いですよ
40歳を過ぎると介護保険料も一緒に徴収されるからさらに負担は重くなります
家族が増えるとさらに金額も増えるのよね
より重く…
子どもが2人生まれて陽子さんが会社を辞めたときの保険料も計算してみましょうか
所得300万円
年間保険料46万3000円
所得600万円
年間保険料74万5000円
所得900万円
年間保険料82万円
※東京都文京区、2020年度、4人世帯、いずれも40歳未満の場合。
あれ？ 4人分まかなっている割には上がんないのね

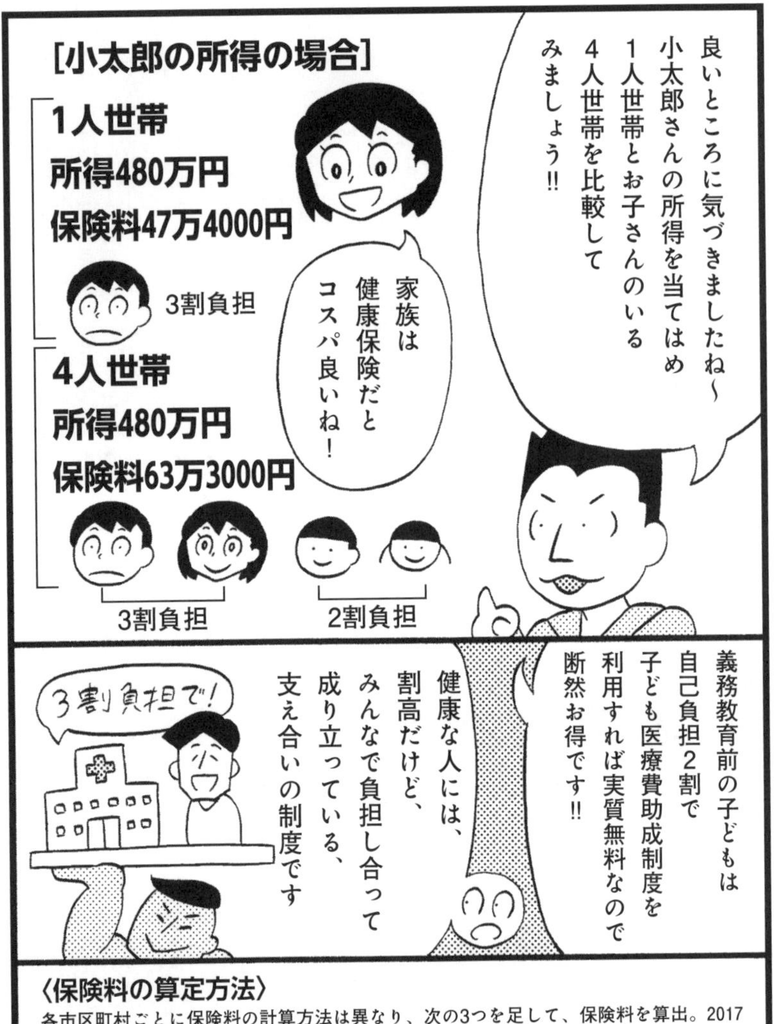
良いところに気づきましたね～
小太郎さんの所得を当てはめ
1人世帯とお子さんのいる
4人世帯を比較してみましょう!!
家族は健康保険だとコスパ良いね!
[小太郎の所得の場合]
1人世帯
所得480万円
保険料47万4000円
3割負担
4人世帯
所得480万円
保険料63万3000円
3割負担
2割負担
義務教育前の子どもは自己負担2割で子ども医療費助成制度を利用すれば実質無料なので断然お得です!!
健康な人には、割高だけど、みんなで負担し合って成り立っている、支え合いの制度です
3割負担で!

〈保険料の算定方法〉

各市区町村ごとに保険料の計算方法は異なり、次の3つを足して、保険料を算出。2017年度の場合、保険料のもっとも安い自治体と高い自治体では、3倍以上もの差があります。

所得割 ＋ **資産割** ＋ **均等割**

- **所得割**：世帯内の被保険者の所得の合計に一定の料率を掛ける。所得税の計算における「所得控除」は考慮されない。
- **資産割**：世帯内の被保険者の資産額の合計に一定の料率をかける。資産額には固定資産税額（土地・建物）を用いる自治体が多い。
- **均等割**：一人あたりの均等割額に世帯内の被保険者の数を掛ける。また、世帯ごとの平等割額を加える自治体もある。

※保険料には上限が定められています（2020年度は82万円。上限は毎年見直される）。

保険料を安くするには
保険料を安くするワザとかないの？
次のポイントを検討してみましょう
・必要経費の計上もれがないかしっかり確認
・独立してすぐの人は健康保険の任意継続の方が安いことも（P162参照）
・国保組合（国民健康保険組合）を使うと安くなることが！
国保組合？
実は業種ごとに組織された保険もあるんです
建設や医師美容、飲食などの業種に国保組合があります
業界にも健康保険があるんですね
国保組合ごとに計算方法は違いますが所得に関係なく世帯の人数だけで保険料が決まるところが多いですね
だから所得が多い人だと国保組合に入ると保険料が安くなるかも※
よーし、すぐ国保組合へ加入しよう！
※国保組合にも、均等割＋所得割の組合がある。

残念ながら小太郎さんの業種には国保組合がありませんね※1
イラストレーターの陽子さんなら「文芸美術国民健康保険組合」に入れるから独立するときはご検討を！
フフ…
そんなぁ

所得300万円の場合
（2020年度、文京区在住で30歳単身世帯）

市区町村の国民健康保険　30万5000円

文芸美術国保組合　23万8800円　←お得

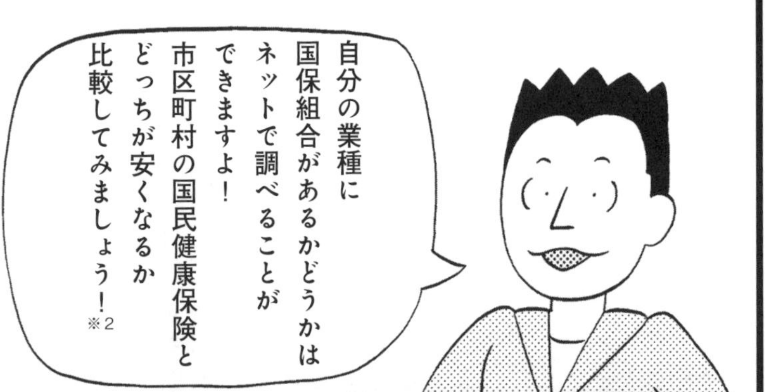
自分の業種に国保組合があるかどうかはネットで調べることができますよ！市区町村の国民健康保険とどっちが安くなるか比較してみましょう！※2

※1　SEやプログラマーも、主たる業務がデザインなら、加入できる可能性がある。

※2　自分の業種に国保組合があるかを調べるには、全国国民健康保険組合協会のサイト（http://www.kokuhokyo.or.jp/）の中にある「会員組合名簿」を参照。

民間の医療保険は入るべき？
民間の医療保険にも入っておいた方がいいの？
それなりに貯金があるなら、必ずしも入らなくていいんじゃないでしょうか
国民健康保険の高額療養費という制度でたとえ100万円の医療費がかかってもお二人の所得であれば実際の負担は月8万7000円ほどです※1

〈高額療養費の負担額上限〉

旧ただし書き所得※2	ひと月の上限額	年4回目以降
901万円～	25万2,600円＋（医療費－84万2,000円）×1％	14万100円
600～901万円	16万7,400円＋（医療費－55万8,000円）×1％	9万3,000円
210～600万円	8万100円＋（医療費－26万7,000円）×1％	4万4,400円
～210万円	5万7,600円	4万4,400円
住民税非課税	3万5,400円	2万4,600円

※2 旧ただし書き所得とは、所得の合計金額から33万円を引いた金額のこと。

1～2週間の入院で生活が破綻なんて人は医療保険が必要かもしれませんが…
それくらいなら貯金から払えるかな
でも、病気で何ヵ月も入院する可能性もあるし…

※1 食事代や差額ベッド代、保険外の治療費などは別途必要になる。

※所得補償保険は就業不能保険と呼ばれることもある。収入保障保険とは異なるので注意。収入保障保険は生命保険の一種。

病気やケガで長期間働けなくなったとき月10万円や20万円の給付を受けられるものです
フリーランスで一番恐いのは数ヵ月単位で働けなくなることですよね
そんな保険があれば安心だけど…保険料も高いんでしょ？
入る保険で変わりますが月20万円で最大1年間の給付なら月数千円です！
働けない間は何年でも継続して給付を受けられる保険もあります

〈所得補償保険のしくみとチェックポイント〉

就業不能の定義は保険ごとに異なり、精神疾患を除外する保険が多いのが特徴です。給付金の金額は変更できますが、給付金を増やそうとすると保険料が高くなります。

事故や病気で就業不能に → 給付開始！ → 回復して仕事に復帰！

就業不能になってから給付金を受け取れるまでの免責期間に注意！90日や180日といった長期間のものも。

給付を受け取れるは1〜2年に限られるものから60歳や70歳まで継続するものまで色々。

こりゃいい！

生命保険は入るべき?
俺、やっぱり生命保険入ろうかな…
R.I.P
俺が死んだら…
シミュレーションしてみましょう!! まずは生命保険で何に備えたいのか考えてみてください
陽子さんは仕事してるし一人でも生活できるはず
そうだよ、心配はうれしいけど今まで一人でやってきたんだから
いや、この先子どもができたらさ…
子どもがいて小太郎さんの収入がないと仮定したキャッシュフロー表を作ってみて
生活費が足りなくなるようでしたら生命保険に加入しましょう
そっか! それなら無駄な保険料を払うこともなくなりますね
落ちついて考えると…
遺族年金とか児童扶養手当などひとり親への支援制度が色々あります
それらも含めてシミュレーションするのが大切なんです!!
ビシッ

色んなしくみや制度があるってわかっただけで気持ちが楽になるね!!
どんなリスクがあるかをイメージして、公的な制度で対処できないときに保険は考えればいいね！

〈遺族の生活を支える代表的な制度〉

遺族基礎年金	国民年金の加入者が亡くなった場合、その子（18歳以下）や配偶者（18歳以下の子※を持つもののみ）が受け取れる。年78万1,700円（子を持つ配偶者は増額される）。
児童扶養手当	18歳以下の子※を養育するひとり親（死別・離婚など）が受け取れる。月4万3,160円（所得制限あり、子の数で増額される）。児童手当とは別。
家賃や医療費などの補助	多くの自治体は、ひとり親の家庭に対して家賃や医療費の助成、公共料金の減免などを行っている。具体的な内容は自治体ごとに異なる。
寡婦・ひとり親控除	所得税の計算において所得控除が認められる（所得500万円以下のみ適用）。夫と死別した妻は27万円、未婚のひとり親は35万円。

まずは公的な保険をしっかり理解して足りないところは民間の保険ですね！
やっさん、ありがとう！
老後の年金についてもよろしく!!

Freelance Money Talk

6章まとめ

何となく不安だから、で 保険に加入しない！

フリーランスの主な公的な保険は、「国民健康保険」と「国民年金」！ ２つの保険には、高額療養費や遺族年金があるなど、意外に保障内容は充実している。

「何か」あったときのために、保険入ろうかな？

まずは公的な保険の保障内容をしっかり理解し、不足があれば民間の保険を考える。

フリーランスへのおすすめは…

所得補償保険
万が一、働けなくなったときに所得を補償してくれる。

国保組合の健康保険
同等の保険内容で、保険料が安くなる可能性がある。

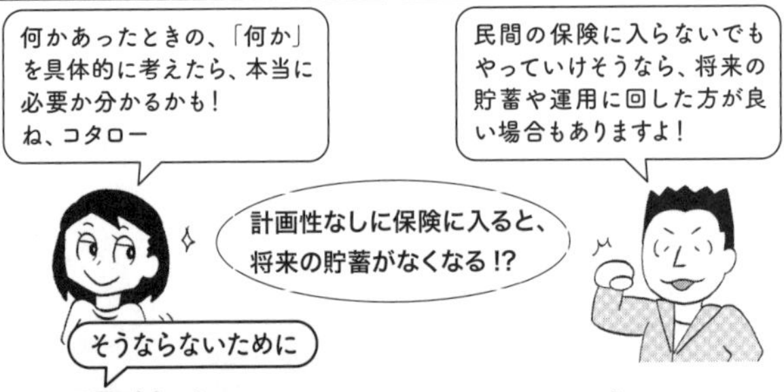
何かあったときの、「何か」を具体的に考えたら、本当に必要か分かるかも！ ね、コタロー
民間の保険に入らないでもやっていけそうなら、将来の貯蓄や運用に回した方が良い場合もありますよ！
計画性なしに保険に入ると、将来の貯蓄がなくなる!?

そうならないために

現状をシミュレーションして、無駄な保険料を払わない！

7章

どうする!? 老後の年金

ライフプランを作成した結果、老後資金が心もとない状況が見えてきた小太郎と陽子。国民年金だけでは、苦しい生活が予測される中、どうすれば老後資金をしっかり蓄えることができるのかを探ります。

あ
はなたれてる!!
このころから抜けてるんですねー
小太郎は末っ子でねー
……
小太郎の母
姉2人は短大
俺は大学で一人暮らし
親父は大手文房具メーカーで働いていたけど家計は大変だったろーな

退職金3000万円
厚生年金14万5000円
貯金はおそらく2000万円ぐらい!!
二人は、人生というレースを逃げ切った!!
それに引き換え…
お?
大丈夫かぁ?
老後資金わずか国民年金6万5000円
完走できんのか…俺!!
ガタン
ゴトン
完走できなかったらごめんネ
?

みらいプランニング
税理士事務所
今回は老後の年金の話です！どんなことが気になりますか？
老後に2000万円貯めてないとダメですか？年金だけじゃ無理ですかねぇ…
2019年に金融庁が作ったレポートですね
年金だけじゃ老後の生活が厳しいから自分で2000万円用意しましょう、と
ホントに2000万円も必要なの？
では、検証してみましょうか!?
フリーランスの場合受け取れる年金は国民年金の月6万5000円だけでこれでは足りませんよね
目標仕事年齢
65〜70歳
そんなにやれんのか〜？
でも、定年退職がないので仮に65〜70歳くらいまで仕事を続けることを前提として考えましょう

本当に2000万円必要!?

諸条件

持ち家あり
結婚している
子どもから援助なし
持病なし

今回は村雨家で検証しましょう!!
お願いしまーす

寿命の設定

日本人の寿命の中央値
男性:83.98歳　女性:89.97歳

この条件でざっくり計算

65〜70歳まで働いて、そこから約20年間、2人分の国民年金が月13万円※で、月10万円の生活費が必要だとすると → **2400万円が必要!!**

2000万円でも足りないとは…
賃貸で家賃がいる場合は、もっとかかるね…
支援策も色々あるので目標より少なくても生きていけないことはないでしょうが…
生活の質を上げたいなら今から少しずつ備えておいた方がいいですね!

※会社員として厚生年金に加入していた期間がある人は、国民年金に加えて、その期間に応じた厚生年金を65歳以降に受け取ることができる。

老後資金を準備するための4つの制度

国民年金では
毎月1万6540円の保険料を
40年間支払い続け
65歳を過ぎると年金を
受け取れます!

でも
金額は月6万5000円
くらいで、
未払期間[※1・2]があると
受給額も少なくなります…

〈老齢年金のしくみ〉

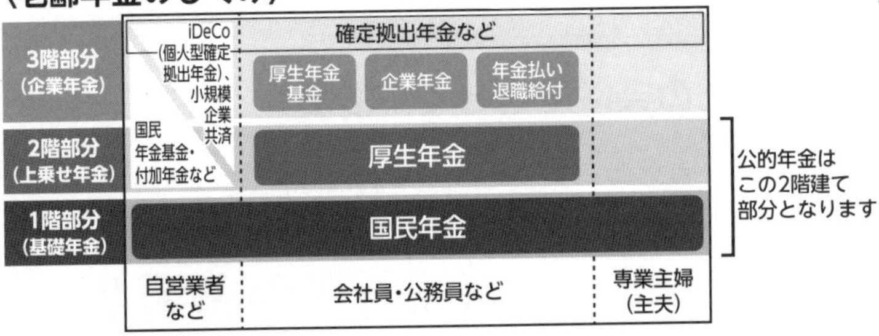

3階部分(企業年金)
2階部分(上乗せ年金)
1階部分(基礎年金)
iDeCo(個人型確定拠出年金)、小規模企業共済
国民年金基金・付加年金など
確定拠出年金など
厚生年金基金
企業年金
年金払い退職給付
厚生年金
国民年金
公的年金はこの2階建て部分となります
自営業者など
会社員・公務員など
専業主婦(主夫)

会社員の場合は
国民年金と厚生年金
の2階建てで
男性の平均受給額
は月17万円ほど!

一部では企業年金などの
3階部分の制度もあり
月に数十万円の年金を
受給する人もいます!!

※1　〔年金の未払の対策1〕未払保険料は過去2年間までさかのぼって納付(後納制度)できる。保険料を支払えないなら、毎年、免除や納付猶予の制度を利用する必要がある。

※2　〔年金の未払の対策2〕国民年金の保険料の払込期間が40年に達しない場合、期間に応じて受け取る年金額が減少。その場合「60歳以降も保険料の支払いを続ける」ことで解消できます。

やっぱり会社員って恵まれてるんだな…
その分、給料から保険料を引かれてますからね〜
フリーランスの年金額が少ないのは、現役時代に支払う保険料自体が少ないからです
フリーランスでも何とかなる切り札はないの!?
老後資金の準備に使える4つの制度を紹介します!!
4枚の切り札!!
バッ
いずれも保険料や掛金の全額が所得控除の対象となるので、税金が安くなります! 民間の保険より有利ですよ!

①

＼国民年金を増額できる!／

付加年金

おすすめ度★★★★

月額400円の保険料で、受け取れる年金が増える制度。年金を受給する際に年間で「200円×付加保険料納付月数」が上乗せされます。2年間で元が取れるためおすすめですが、国民年金基金とは併用できません。

②

＼フリーランスにも退職金を!／

小規模企業共済

おすすめ度★★★

自営業者や中小企業の経営者が自分のための退職金を積み立てる制度。毎月1,000〜7万円の掛金を積み立てておき、事業をやめるときに受け取ります。途中解約することもできますが、その場合は元本割れすることがあります。

〈4つの制度の比較〉

	iDeCo（イデコ）	国民年金基金	小規模企業共済	付加年金
加入資格	20～60歳の人すべて	個人事業主など（国民年金の第1号被保険者）	小さな企業の経営者や役員、個人事業主など	個人事業主など（国民年金の第1号被保険者）
保険料/掛金（月額）	5,000～6万8,000円 ※1,000円単位。掛金以外の手数料あり	～6万8,000円	1,000～7万円 ※500円単位	400円
	iDeCoと国民年金基金を合わせて上限6万8,000円			
保険料/掛金の変更	年に1回のみ変更可	いつでも変更可	いつでも変更可	いつでも停止・再開できる
積立金の引き出し	不可 ※払いどめは可能だが、引き出しは60歳以降	不可 ※年金の上乗せであり、積立金という概念がない	可能 ※20年以内での任意解約は元本割れになる。貸付制度もある	不可 ※年金の上乗せであり、積立金という概念がない
受給方法	一時金、年金（5～20年）	年金（終身、5～15年）	一時金、年金（10年、15年）	国民年金に上乗せ（終身）
受取可能時期	原則60歳以降	原則65歳以降	65歳～、廃業時、任意解約時など	原則65歳以降
申し込み先	証券会社や銀行	全国国民年金基金	中小企業基盤整備機構	自治体

④

＼老後資金を株式投資で!／

iDeCo（個人型確定拠出年金）

おすすめ度★★★

老後資金を積み立てるための制度です。フリーランスの場合、毎月5,000～68,000円の掛金を支払うのですが、その掛金をどう運用するかを自分で指定します。掛金と運用益は60歳以降に受け取ることができます。

③

＼長生きリスクにも対応可!／

国民年金基金

おすすめ度★★

会社員の厚生年金のように、自分で2階部分を上乗せできる制度です。掛金は自分で設定することができ、原則として65歳以降、掛金に応じた年金を一生受け取ることができます（掛金はiDeCoと合わせて月68,000円が上限）。

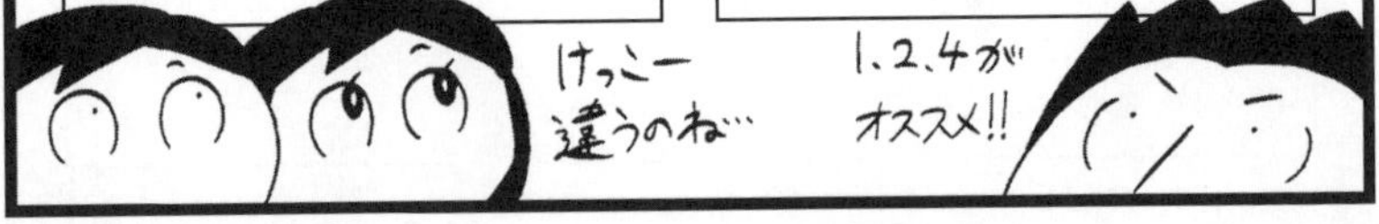

けっこー
違うのね…
1.2.4が
オススメ!!

毎月いくらずつ積み立てればいい?
では2400万円を貯める具体的な方法を考えてみましょう!
2400万!?
2400万円なんて想像もつかないよ!
時間をかければ大丈夫! 30歳の今から30年かけて用意するなら単純計算で月6万7000円 40年で用意するなら月5万円です
月5万円かぁ… 結構しんどいなぁ…
さきほど紹介した制度はいずれも掛金全額が所得控除の対象になるので節税ができます
小太郎さんの所得なら月1万円、年12万円くらい安くなります
ってことは実質月4万円で2400万円が貯まるのか!
これならできそう!

さらに、運用で増やすことも考えましょう！月5万円をただ積み上げるだけなら40年後は2400万円ですが年1%の利率で運用できれば2950万円まで増やせます
チリも積もれば何とやら
長期間の運用だと利息で意外と増えます！
すぐ始めなきゃ!!
子どもが高校生や大学生になると教育費がかかるので今のうちに準備を始めると楽ですよ！
でも大変そう…
老後のことだけでなく当面の生活費として最低でも半年分は銀行預金など、いつでも現金化できる状態で持っておきましょう

〈毎月いくら積み立てると2400万円になる?〉

		運用年数			
		10年	20年	30年	40年
運用利率(年利)	0%	20万円	10万円	6万6,667円	5万円
	1%	19万0,250円	9万0,375円	5万7,193円	4万0,685円
	3%	17万1,746円	7万3,103円	4万1,185円	2万5,916円
	5%	15万4,557円	5万8,389円	2万8,837円	1万5,727円

制度をどのように活用するか?
月5万円を積み立てるとして4つの制度をどう組み合わせるか
まず付加年金は入っておきましょう!
残りを小規模企業共済とiDeCoに振り分けることをおすすめします
ひとつの制度にまとめちゃダメなの?
多いと めんどそう…
ひとつの制度に頼ると、想定外の事態に対応できません!
複数の制度で分散して積み立てればリスクを減らすことができます
公的制度なのにリスクがあるんですか!?
まず制度が破綻するリスク
制度が破綻して想定よりも受給額が減ってしまう可能性がありますね※
実際に企業年金では減額や廃止という例が発生しています!!
減額・廃止
がんばって積み立てたのに減額って…

※国民年金基金は、将来の年金支払いに対する準備金が不足しており、減額のリスクを無視できない。

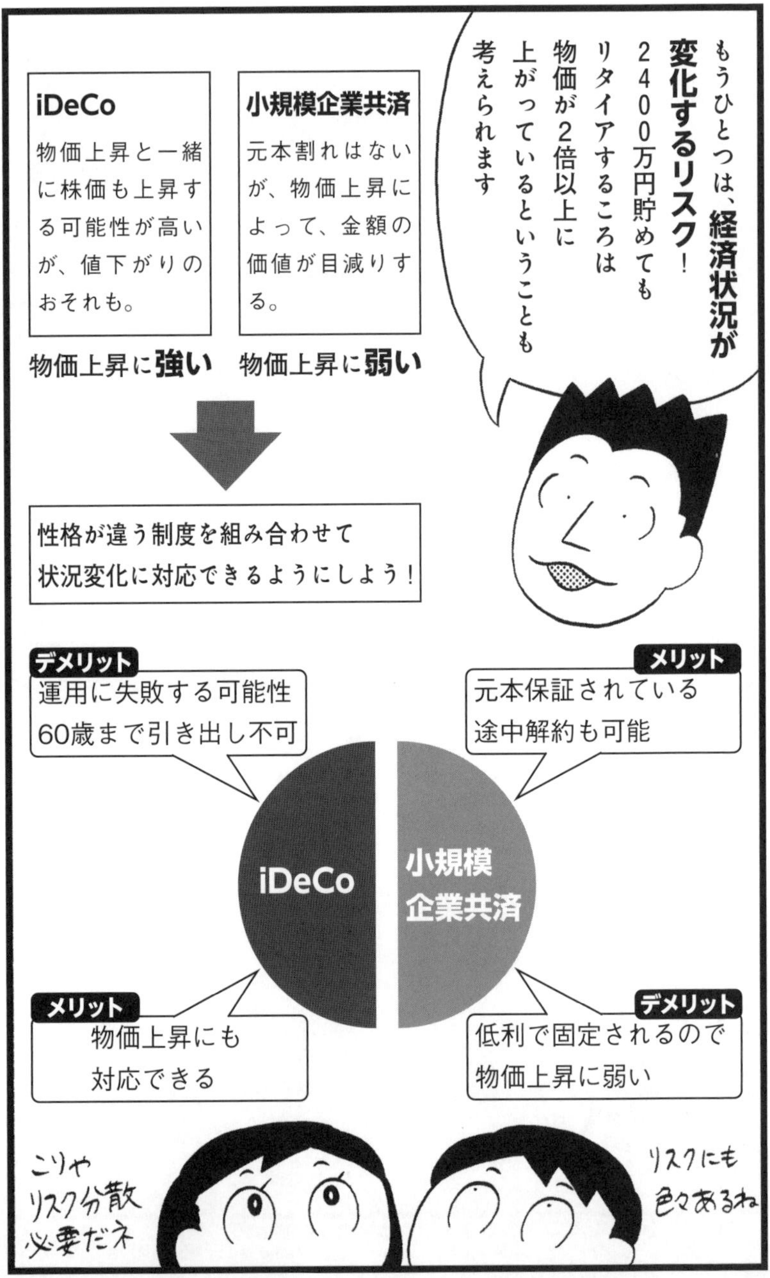
もうひとつは、経済状況が変化するリスク！
2400万円貯めてもリタイアするころは物価が2倍以上に上がっているということも考えられます
iDeCo
物価上昇と一緒に株価も上昇する可能性が高いが、値下がりのおそれも。
物価上昇に強い
小規模企業共済
元本割れはないが、物価上昇によって、金額の価値が目減りする。
物価上昇に弱い
性格が違う制度を組み合わせて
状況変化に対応できるようにしよう！
デメリット
運用に失敗する可能性
60歳まで引き出し不可
メリット
元本保証されている
途中解約も可能
iDeCo
小規模企業共済
メリット
物価上昇にも対応できる
デメリット
低利で固定されるので物価上昇に弱い
こりゃリスク分散必要だネ
リスクにも色々あるね

年金制度への素朴な疑問
年金払っても将来もらえなくなるって聞くけど…どうなの？
額が減ることはあるでしょうが年金制度がなくなることはありませんよ！国家が破綻して餓死する人が続出…なんてことにならない限りはね
国民年金を支払うくらいなら、自分で積み立てるって人もいますよ？
国民年金は税金も投入して運営されているので金融商品として見てもお得です！
死ぬまで支給され物価上昇にも連動する保険が月１万数千円で得られるんですから！
ホッホッホ
オトクじゃろ？
寿命も延びていきそうだもんね
１００歳まで生きる可能性も十分あります！生活費が月25万円として、70歳から30年分で９０００万円…この額を自力で用意するのは難しいでしょう？
人生100年時代!!
9000万!? ムりだ!!

もうひとつ！
国民年金には
保険の役割もあります
何か障害を負ったときの障害年金や、自分が死んだときの遺族基礎年金など国民年金の保険料が未払いだと受け取れません

〈障害基礎年金〉

年金の加入者（被保険者）が障害の状態にあるときに受け取れる年金。
障害の状態にある限り、継続して受け取れる。

年金額（年間）

【1級】78万1,700円×1.25+子の加算
【2級】78万1,700円+子の加算

子の加算	
第1子・第2子	各22万4,900円
第3子以降	各 7万5,000円

〈遺族基礎年金〉

年金の加入者（被保険者）が亡くなったときに子を持つ遺族が受け取れる年金。
子どもが18歳を迎える年度の3月31日を経過するまで。

年金額（年間）

78万1,700円（配偶者）＋子の加算

子の加算	
第1子・第2子	各22万4,900円
第3子以降	各 7万5,000円

ちなみに小規模企業共済やiDeCoで積み立てたお金も自分が死んだときは遺族が積立金を受け取れるので死亡保障の役割も果たしますよ
民間の保険に入るときは被らないように気を付けないとね！
色んな役割があるんだな〜

お金以上に大切なもの
確かにお金は大切なんですが、それ以上に大切なものがあります
悟り?
ヤーッ!
気合い?
まぁ、それも大切なんですが…
わかりませーん
家族や友だちご近所さんなど
いざというとき頼れる人が身近にいることです!
確かに!老後だけじゃなく子育てでもそうよね!
相談したり助け合える人が周りにいるかどうかって重要!!
支え合って生きることは大事だね!!

COLUMN 16

受け取り方でも変わる！年金にかかる税金を知ろう

公的制度の保険料や掛金は全額が所得控除になるので、節税しながら老後に向けての積み立てができます。特に所得が多い人は税率が高くなるので、節税の効果が大きくなります。ところが、**老後に受け取る年金や一時金は、もらうときに税金がかかります。**保険料や掛金の分は税金が免除されたわけではなく、実は税金をかけるタイミングが後ろにずれただけなのです。

でも、公的制度で積み立てるメリットが消えるわけじゃありません。所得税は所得金額が大きくなるほど税率が高くなるので、老後の年金収入にかかる税金に比べれば、現役のときに節税できる金額の方が大きくなります。ただし、**受け取り方を間違えると、思わぬ税金を支払うことになる点に注意**してください。

老後に受け取るお金は、**「年金」と「一時金」で税金の扱いが異なります。**「毎月いくら」という形で受け取る年金には、会社員の給料と同じように所得税や住民税、社会保険料がかかります。一方、積み立てたお金をまとめてもらう一時金は、会社員の退職金と同じように扱われ、所得税と住民税がかかります。

ここで問題となるのが、**小規模企業共済とiDeCoは受け取り方を選べる**ところです。リタイア時点で1000万円が積み立てられていた場合、年金として分割して受け取るか、一時にまとめて受け取るかを選択できるのです（一部を一時金、残りを年金という併用も可能）。

年金については、年110万円以下であれば税金はかかりません（65歳以上で、年金以外の所得が1000万円以下の場合）。実際には基礎控除などの所得控除があるため、年160万円くらいなら税金の心配をすることはありません。一方の一時金については、下表の計算式で求めた金額までは税金がかかりません。また、それを超えた部分についても金額を2分の1にしてから税率をかけます。

この税金がかからない枠をうまく活用できるように、受け取り方を考えましょう。なお、ここで紹介したのは現時点での制度であり、将来的に制度が変わる可能性があります。年金をもらう時期が近づいてきたら、最新の制度に基づいて賢い受け取り方を考えてください。

まとめ

制度を知らなければ、思わぬところで税金を払うことに！

〈年金として受け取り〉

国民年金

国民年金基金

小規模企業共済

iDeCo

↓

- 給料と同じ扱い
- 所得税、住民税、社会保険料がかかる

年110万円以下なら税金がかからない。毎月16万円、年192万円の年金をもらう人は、確定申告で基礎控除などを利用し160万円まで税金はかからなくしたとすれば、残りの32万円にかかる所得税を納めれば良い。

〈一時金として受け取り〉

小規模企業共済

iDeCo

↓

- 退職金と同じ扱い
- 所得税、住民税がかかる

一時金にかかる税金

勤続年数	退職所得控除額
20年以下	40万円×勤続年数
20年超	800万円＋70万円×（勤続年数－20）

超えた部分についても金額を2分の1にしてから税率をかける。iDeCoなどでは積み立てた期間で計算。30年間積み立てた場合、一時金1500万円までは所得税と住民税がかからない。

Freelance Money Talk

7章まとめ

国民年金だけでは老後資金は足りない！

生活の質を上げたいなら、国民年金の月６万5000円とは別に、老後の蓄えとして2000万円以上を貯めることが必要！

生涯現役で働き続けるしかないのかなぁ…

フリーランスが、老後資金を準備するための4つの制度を利用してみよう！

② フリーランスにも退職金を！ **小規模企業共済**	① 国民年金を増額できる！ **付加年金**
④ 老後資金を株式投資で！ **iDeCo（個人型確定拠出年金）**	③ 長生きリスクにも対応可！ **国民年金基金**

iDeCoで運用すれば積み立てたお金が大きく増える可能性もあるよ！

対策をしないと…

貯金なしでも生きていけないことはないが…
老後の生活は困窮する

お金の問題以外にも、助け合える仲間が近くにいるかどうかも大切です！

そうならないために

制度を利用し、コツコツ積み立てて老後資金を貯めていこう！

8章

お金をかしこく守る！投資入門

お金がなければ、今あるお金をもとにして増やす、というのもひとつのアイデアです。ただし、投資にはリスクはつきもの。小太郎と陽子は、最大限リスクをへらしつつ、お金を増やせるようにするための、フリーランスの賢い投資術を学びます。

24倍一点買い!!
結婚資金つぎ込みじゃ〜い!!
ワー
ワー
あぁ〜!!
負けた〜
さいなら
そんな〜!!
ヨーコちゃ〜ん
07:00
ピ
ピ
ピ
ピ
ピ
ピ
…夢か

みらいプランニング
税理士事務所
今日は投資について学びましょう
投資ってどんなイメージがありますか？
ある意味ギャンブル的な？
たくさんの資産を作って楽な生活をおくる…みたいな
フンフン
ズバリですね！
投資で増やそうとは思わない方がいい!!
えっ
誰だ!?

一攫千金を狙うモンなんじゃ？
持っている資産の価値を下げないために
リスクを最小化するのが投資の目的です！
資産
どういうこと？
確かに、儲ける目的で投資を行なう人もいます！しかし、儲けるには勉強も運も必要です
フム
フム
しかも、損をしたときはすごいストレスに！
利益を得る喜びより損失をこうむった痛みの方がはるかに強く感じるんです
それは想像つくかも…
今朝の夢で
覚悟の上でスリルを楽しみたい人はやっても良いです！投資というより投機になりますが…
結婚資金
24倍1点買い…

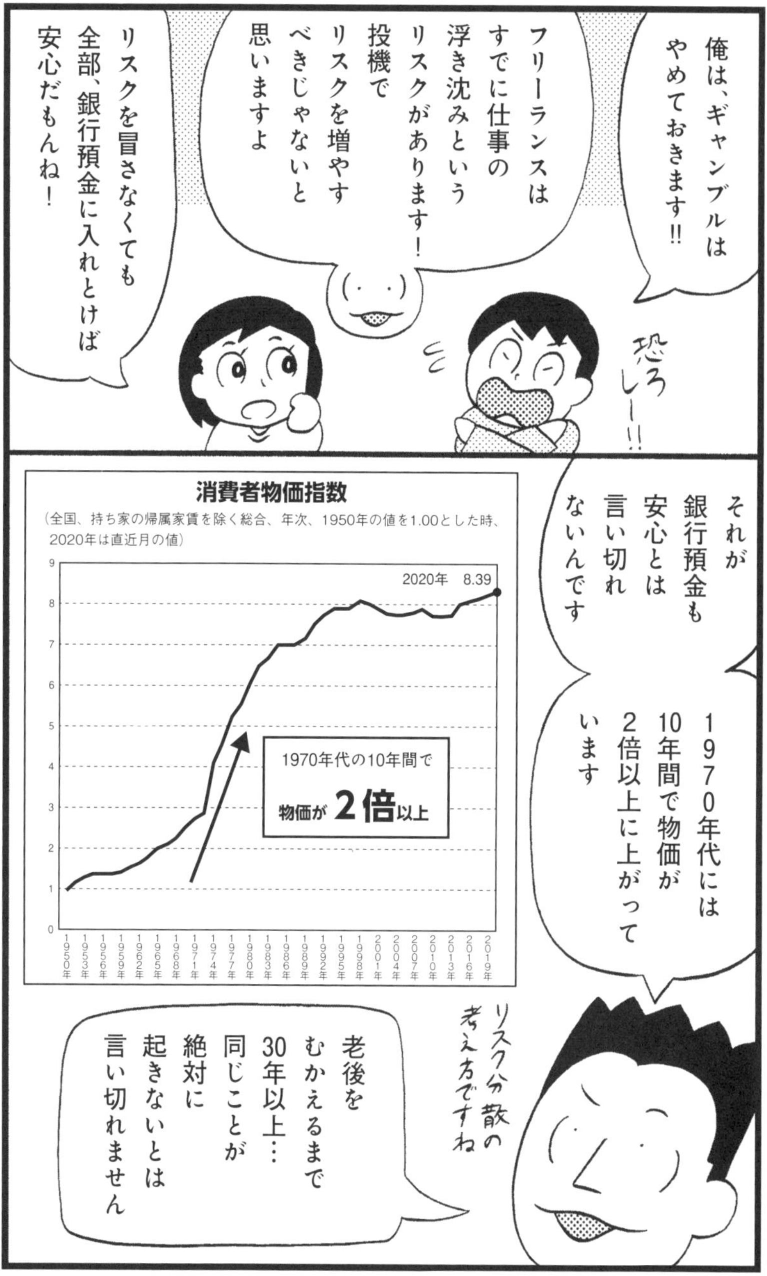
俺は、ギャンブルはやめておきます!!
フリーランスはすでに仕事の浮き沈みというリスクがあります！
投機でリスクを増やすべきじゃないと思いますよ
リスクを冒さなくても全部、銀行預金に入れとけば安心だもんね！
恐ろしー!!
それが銀行預金も安心とは言い切れないんです
1970年代には10年間で物価が2倍以上に上がっています
消費者物価指数
（全国、持ち家の帰属家賃を除く総合、年次、1950年の値を1.00とした時、2020年は直近月の値）
2020年 8.39
1970年代の10年間で
物価が2倍以上
0 1 2 3 4 5 6 7 8 9
1950年 1953年 1956年 1959年 1962年 1965年 1968年 1971年 1974年 1977年 1980年 1983年 1986年 1989年 1992年 1995年 1998年 2001年 2004年 2007年 2010年 2013年 2016年 2019年
老後をむかえるまで30年以上…同じことが絶対に起きないとは言い切れません
リスク分散の考え方ですね

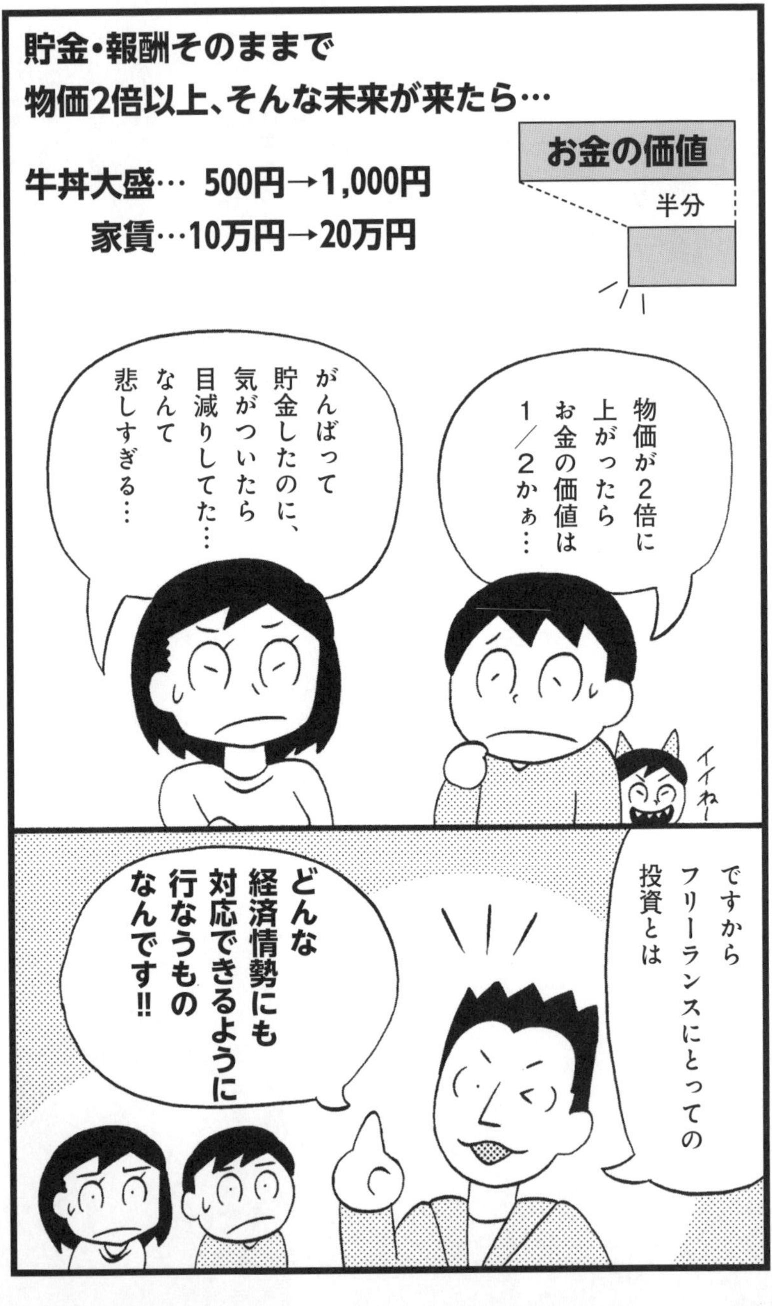
貯金・報酬そのままで
物価2倍以上、そんな未来が来たら…
牛丼大盛… 500円→1,000円
家賃…10万円→20万円
お金の価値
半分
物価が2倍に上がったらお金の価値は1／2かぁ…
がんばって貯金したのに、気がついたら目減りしてた…なんて悲しすぎる…
イイねー
ですからフリーランスにとっての投資とは
どんな経済情勢にも対応できるように行なうものなんです!!

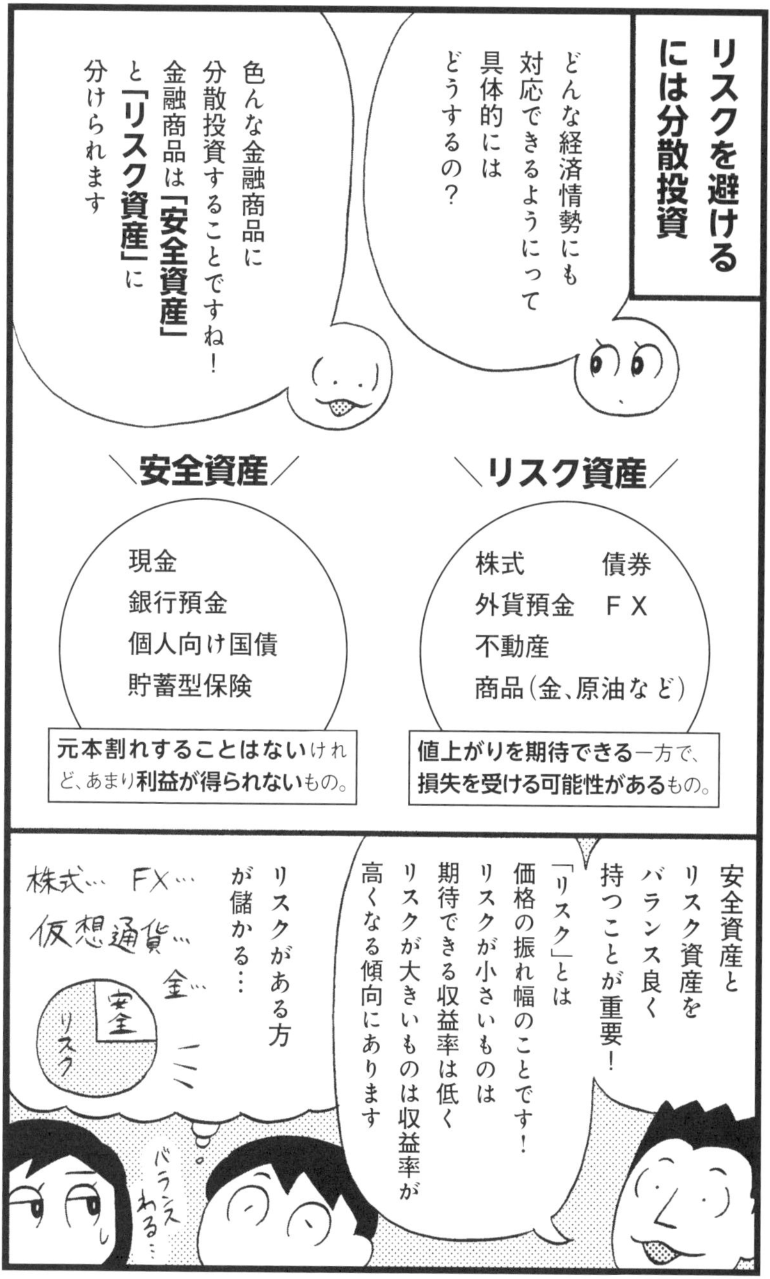
リスクを避けるには分散投資
どんな経済情勢にも対応できるようにって具体的にはどうするの？
色んな金融商品に分散投資することですね！金融商品は「安全資産」と「リスク資産」に分けられます
安全資産
現金
銀行預金
個人向け国債
貯蓄型保険
元本割れすることはないけれど、あまり利益が得られないもの。
リスク資産
株式 債券
外貨預金 ＦＸ
不動産
商品（金、原油など）
値上がりを期待できる一方で、損失を受ける可能性があるもの。
安全資産とリスク資産をバランス良く持つことが重要！
「リスク」とは価格の振れ幅のことです！
リスクが小さいものは期待できる収益率は低くリスクが大きいものは収益率が高くなる傾向にあります
リスクがある方が儲かる…
株式… FX… 仮想通貨… 金…
安全
リスク
バランスわる…

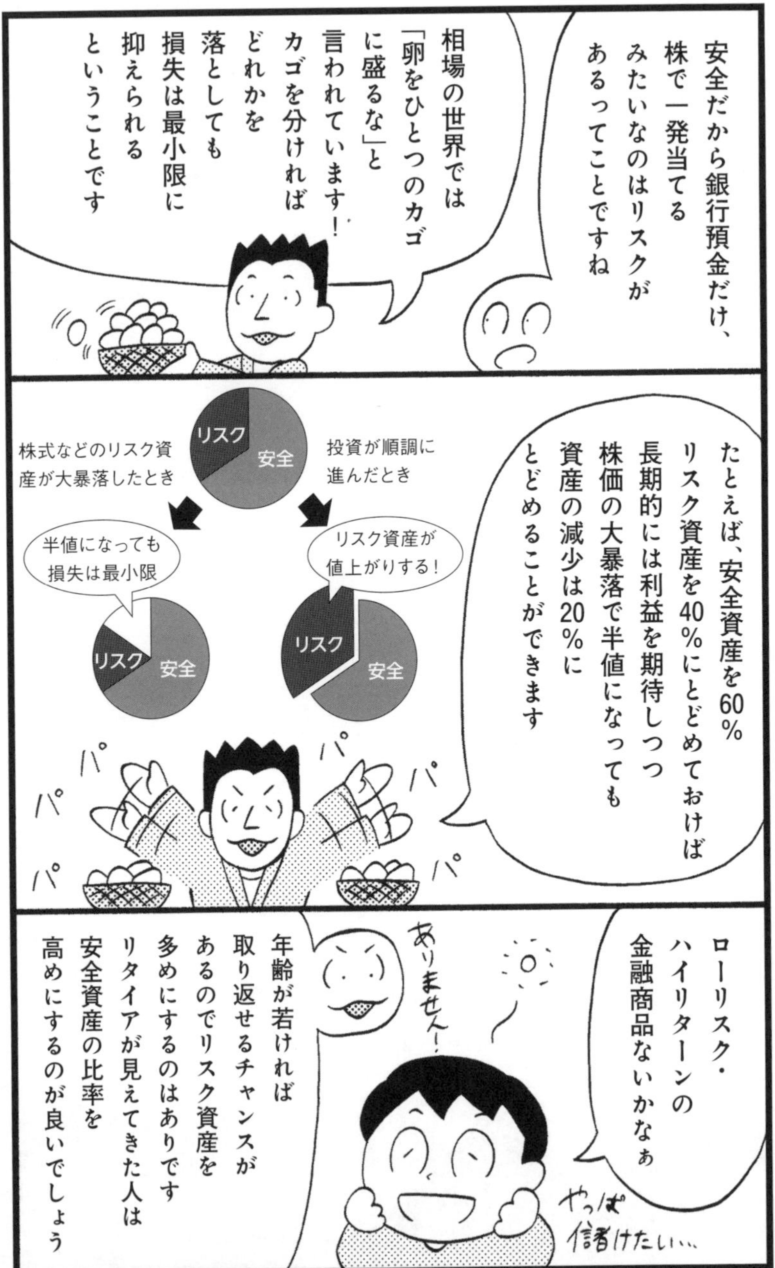
安全だから銀行預金だけ、株で一発当てるみたいなのはリスクがあるってことですね
相場の世界では「卵をひとつのカゴに盛るな」と言われています！カゴを分ければどれかを落としても損失は最小限に抑えられるということです
たとえば、安全資産を60%リスク資産を40%にとどめておけば長期的には利益を期待しつつ株価の大暴落で半値になっても資産の減少は20%にとどめることができます
リスク
安全
株式などのリスク資産が大暴落したとき
投資が順調に進んだとき
半値になっても損失は最小限
リスク資産が値上がりする！
リスク
安全
リスク
安全
パ
パ
パ
パ
パ
パ
ローリスク・ハイリターンの金融商品ないかなぁ
ありません！
やっぱ儲けたい…
年齢が若ければ取り返せるチャンスがあるのでリスク資産を多めにするのはありですリタイアが見えてきた人は安全資産の比率を高めにするのが良いでしょう

分散投資の具体的な戦術
もう少し具体的に見ていきましょう まずは、公的制度とそれ以外にどう振り分けるか
公的制度は先日紹介した「ｉＤｅＣｏ」や「小規模企業共済」です（Ｐ１７９参照）
その２つの掛金を支払うと税金が安くなるから使わないのは損だよね
じゃあ、掛金を上限いっぱいまで増やそう！
ちょっと待った！ どっちも老後に備えるための制度で途中解約は難しいんです！ 節税になるからと余裕資金をすべて注ぎ込むのは危険です！
そうだよ！ 病気になったり子どもができたりするかもしれない…
先日の試算通り公的制度で月５万円ずつ積み立てて残りの余裕資金を運用して教育費などの準備にあてる…それを１年続けてみて状況を見ながら積み立て額を見直すといいでしょう

老後は公的制度で備えて生活費や教育費は他の方法で運用するわけですね
そうです！公的制度の中でも安全資産として「小規模企業共済」を、リスク資産として「iDeCo」を使って、分散を！最低ラインの月5000円から始めてみましょう!!
それならできそう
5000円！
教育費の準備も分散投資？
すぐ必要な資金でなければ、分散です！
安全資産では銀行預金や個人向け国債があります！リスク資産だとNISAがおすすめですよ！いつでも現金化できるので何かあっても対応できます
「金融商品の目的」と「安全資産とリスク資産」を整理するとこんな感じです
老後への備え
リタイア時まで積み立てを続ける
安全資産
小規模企業共済
リスク資産
iDeCo
余裕資金の運用
いつでも現金化が可能
安全資産
個人向け国債
銀行預金
リスク資産
NISA

〈個人向け国債〉

途中解約しない限りは元本割れの心配なし（発行から1年経過後はいつでも解約可能）。証券会社や銀行などを通して毎月募集があり1万円から購入できる。

変動10年

実勢金利に応じて半年ごとに適用利率が見直されるため、物価上昇にもある程度対応できる。**すぐ使う予定がない余裕資金におすすめ。**

固定3年・5年

満期まで利率が固定されている。**銀行の定期預金と比較して金利が高いなら、検討の余地あり。**

〈NISA（少額投資非課税制度）〉

金融商品の売却益や配当などにかかる税金が、一定額まで非課税になる制度。証券会社で株や投資信託を購入する際に、NISA枠で購入すると非課税になる。購入や売却はいつでも可能。

とりあえず
始めるなら
NISAが
おすすめ!!

NISA

毎年120万円の非課税枠があり、個別株や投資信託などを購入できる。非課税期間は5年間であり、5年経過後は、（1）翌年の非課税枠に移す、（2）課税口座に移す、（3）売却する、の3つから選択する。**株式投資の知識がある人におすすめ。**

つみたてNISA

毎年40万円の非課税枠があり、長期分散投資に適した一定の投資信託のみ購入できる。非課税期間は20年間であり、20年経過後は課税口座へ移される。

ジュニアNISA

0～19歳の人が利用できる。毎年80万円の非課税枠があり、個別株や投資信託などを購入できる。教育費や結婚資金の積み立てとして作られた制度だが、2023年末での廃止が決まっている。

※2024年以降は、NISAとつみたてNISAを統合した新制度が始まる予定。現在のつみたてNISAが1階（非課税枠20万円）、NISAが2階（非課税枠102万円）で、原則1階部分を利用しなければ、2階部分の投資ができない。

証券会社の選び方
金融商品はどうやって探すの？
iDeCoやNISA、個人向け国債は証券会社を通して探したり購入できます
おすすめってある？
おすすめは、SBI証券、楽天証券、マネックス証券などのネット証券です！手数料が安くて取り扱い件数が多いんです
証券会社を選ぶポイントは？
証券会社ごとに手数料や扱っている商品に違いがあるので注目しましょう！手数料は長期だとバカにならない差が出てしまいます!!

iDeCo、NISAでの金融商品選び
iDeCoやNISAでは値動きがある金融商品を買うからなにを選ぶかがとても重要です！
選択によっては大きく増減しちゃうんだね…
「増やすことは考えるな」とは言うけど、やっぱり増えてほしいな…

わかりました！確実ではありませんが、可能性が高い方法をお教えしましょう
よろしくお願いしまーす
投資信託がオススメです！
NISAだと個別株も買えるんですがリスクが高すぎるので株式投資が好きな人以外にはおすすめできません
個別株はハイリスク!?
投資信託は元々リスク分散!!
個別株＝自分で個別に選んだ会社の株
投資信託＝プロが選んだ複数の金融商品のセット
その際、「インデックスファンド」を選びます！ 投資信託の中でも日経平均やダウ平均といった市場の動きを表わす指数と連動するように運用されているので、
市場全体にバランス良く分散投資が出来るのがメリットです
投資信託を持っている間に取られる「信託報酬」という手数料が安いのも特徴です！

期待できる収益率は
リスク資産の方が高いので
売却益に税金がかからない
iDeCoとNISAでは
リスク資産である株式の
インデックスファンドを
中心に購入しましょう！
税ム署
iDeCo
NISA
日本だけでなく
外国の株も組み合わせ
てみましょう！
「国際分散投資」といいます
私の場合、
日本株、
外国株、外国債券の3つの
インデックスファンドを
積立購入しています
日本株
外国株
外国債券
カテゴリーごとに割り当てる
比率を決めて、その比率で
インデックスファンドを
積立購入していきます
慎重に…
コツコツと…
地道だ…
一度にまとめて
購入するのではなく、
毎月一定額をコツコツと
積み立てていくのが
おすすめです

投資ってどうやって運用するんですか？
すぐに売ったり買ったりするんでしょ？
いや、10年、20年と長期で取り組んでください
でもほったらかしにするのとは違いますよ！
次のコマへ!!
定期的に資産の残高をチェックして最初に決めた比率から大きくずれたら当初の比率になるように調整します！
50%ずつ購入していたのにズレた！…
この作業を「リバランス」と言います
日本株 40%
外国株 60%
日本株 50%
外国株 50%
外国株を10%売却して日本株を10%購入
リバランス…
毎月、勝手に積み立てていく商品が楽でいいと思います！
iDeCo、つみたてNISA、小規模企業共済はいずれも積み立てていくタイプですね
証券会社でも投資信託の自動積立サービスを行なっているところがあります

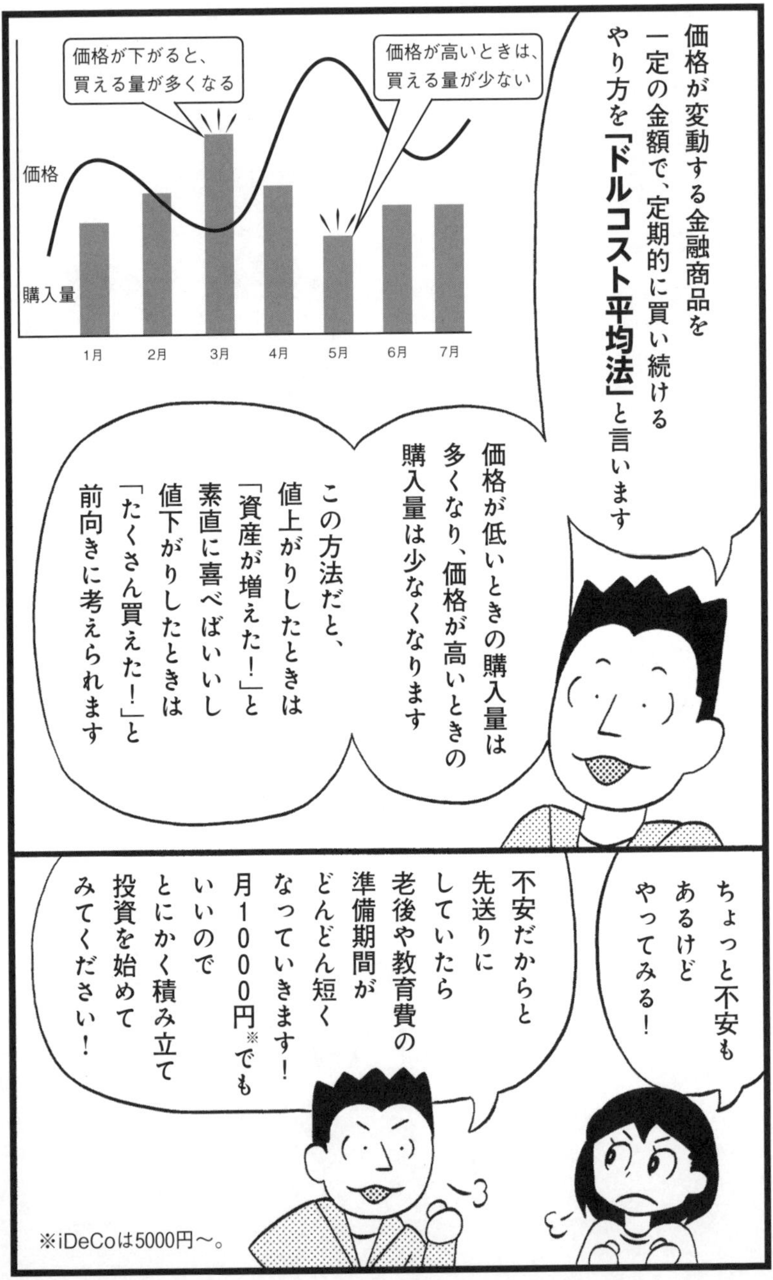
価格が下がると、買える量が多くなる
価格が高いときは、買える量が少ない
価格
購入量
1月
2月
3月
4月
5月
6月
7月
価格が変動する金融商品を一定の金額で、定期的に買い続けるやり方を「ドルコスト平均法」と言います
価格が低いときの購入量は多くなり、価格が高いときの購入量は少なくなります
この方法だと、値上がりしたときは「資産が増えた！」と素直に喜べばいいし値下がりしたときは「たくさん買えた！」と前向きに考えられます
ちょっと不安もあるけどやってみる！
不安だからと先送りにしていたら老後や教育費の準備期間がどんどん短くなっていきます！月1000円※でもいいのでとにかく積み立て投資を始めてみてください！
※iDeCoは5000円～。

COLUMN 17

もっと知りたい！投資信託について教えて

投資信託のイメージ

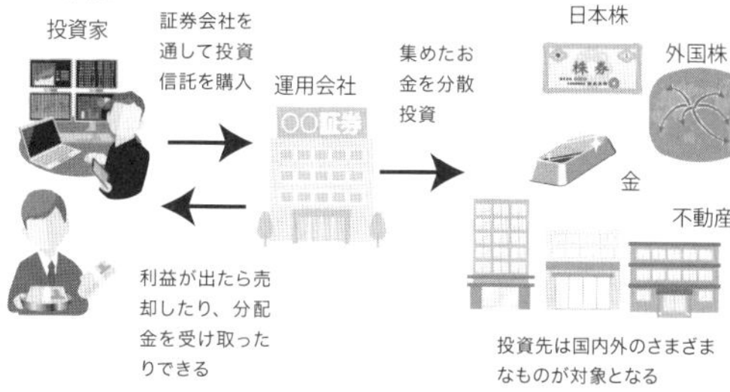
投資家
証券会社を通して投資信託を購入
運用会社
○○証券
集めたお金を分散投資
日本株
株券
外国株
金
不動産
利益が出たら売却したり、分配金を受け取ったりできる
投資先は国内外のさまざまなものが対象となる

投資信託とは、多くの**投資家から集めたお金をひとまとめにして、専門家が投資家に代わって運用を行なうもの。**投資信託であれば、数千円という少額でもたくさんの会社に分散投資が可能になるのです。

投資信託の**選び方のポイントは、運用方法と手数料の2つ。**運用方法については幅広い対象に分散投資されているかが重要です。世界中の株をまんべんなく買え、手間をかけることなく最高の分散ができる、全世界株式という投資信託もあります。

手数料には「購入手数料」「専門家への運用委託手数料（信託報酬）」があります。**長期保有するときに問題になるのが運用委託手数料です。この手数料が安いのが「インデックスファンド」**（P203）。機械的な運用が可能になるので手数料も安くすみます。

まとめ

庶民にも投資の世界を広げてくれる便利なツールです

COLUMN 18

フリーランスにおすすめ？いろいろな投資先を考える

フリーランスの資産運用先として、私は株式の投資信託（その中でも手数料が安いインデックスファンド）がベストだと思っています。しかし、**その他にもたくさんの投資先が世の中には存在**していて、「そっちの方が儲かるんじゃないか」と気になりますよね。そこで、**代表的な投資先について、フリーランスの立場から私の見方を紹介**したいと思います。

債券

国や会社などが発行する借入証書のようなもので、定められた期日に元本＋金利が払い戻されます。国が発行するものを「国債」、会社が発行するものを「社債」と言います。

さまざまな債券の中でも、「個人向け国債（変動10年）」は安全資産としてフリーランスにもおすすめできます。社債は金利の高さがいくら魅力的に見えても、会社の倒産などで無価値になるおそれが。金利の高さはリスクの高さを表わしています（そうしないと売れないから）。

ただし、**債券を集めた投資信託はリスクが分散されるため、検討の価値あり**です。株と債券は逆の値動きをすることが多く（株が下がると、債券が上がる）、**債券のインデックスファンドをある程度持っておけば、資産全体の価格変動リスクを小さくすることができます。**

外貨預金

米ドルやユーロ、豪ドルなどの外貨預金は、日本の預金に比べると金利がずっと高く、さらに定期的に特別金利のキャンペーンも実施されています。ところが、円と外貨の交換手数料が高く、さらに為替相場が大きく変動することがあるため、金利分がふっとんでしまうおそれも。**外貨預金は為替相場がどう動くかを賭けるギャンブルとも言えます。**日本の将来への不安から外貨を持ちたいのであれば、外国株や外国債券のインデックスファンドの方がいいです。

貯蓄型保険、年金保険

毎月保険料を支払い続けると、将来に「毎月××円」「一時金××円」を受け取れるというもの。しかし、途中解約ができなかったり、できても損をしたりすることがあるところに注意が必要。**特に外貨建ての保険は為替変動による損失のリスクもあります。**老後の備えであれば、まずはｉＤｅＣｏや小規模企業共済の利用を考えましょう。

不動産

「安定収入が得られるから安心」と思われるかもしれませんが、税金や修繕費がかかるし、空室のリスクもあります。また、築年数が経過するに従って価格は下がるし、売りたいときにすぐ売れないおそれもあります。**不動産じゃなく、負動産になるかも。**不動産経営に知識と自信がある人以外にはおすすめしません。

金、ＦＸ、仮想通貨など

金やＦＸ、仮想通貨などは値動きで儲けるだけ。**ギャンブルを楽しみたい人ならともかく、資産運用としてはおすすめしません。**「株もギャンブルじゃないか」と思われるでしょうが、株は経済成長とともに長期的には値上がりが期待できます（分散投資することが前提）。

まとめ

あえて止めはしませんが、覚悟をもって取り組んでください

Freelance Money Talk

8章まとめ

フリーランスの資産運用は儲けようとしてはダメ？

銀行に預けると、安全ではあるが、物価が下がったらお金の価値が目減りする。投資はリスクがあるが、物価が上がるのに合わせてお金が儲かる可能性が高い。2つをあわせ持つことで、いかなるリスクにも備えられる。

資産を守ることが目的…。でも儲けたいよね…

「リスク資産」と「安全資産」を持つ
分散投資で自分の資産を守る！

フリーランスへのおすすめは…

リスク資産

NISA
売却益や配当への税金がかからない。

安全資産

個人向け国債
元本割れの心配がなく、1万円から購入可能。

老後資金のためのiDeCoや小規模企業共済も同時に考えるのが大切なんだよね

少額でもいいので、まずはやってみることが大切。おすすめは、毎月積み立てる「つみたてNISA」です
慎重に…
コツコツと…

フリーランスならば

どんな経済情勢でも生き残れる投資を目指す！

9章

生涯現役！
セルフプロデュースの話

年をとっても仕事をもらえるのか？　生涯現役で今の仕事を続けられるのか？　不安にかられる小太郎は、フリーランスの先輩たちを訪れます。どのように生き抜いてきたのか、セルフプロデュース力について話を聞きます。

最近のシステムにゃついていけん
小太郎(60)
ム゛ゥ〜ン
村雨さん、急ぎの案件なんですけど…
ハイハイ
あっ、バージョン古くてダメだっけ?
仕事だー♡
すいません!
え!? ちょ…
ツーッツーッ…
みたいなことにならないですかね…
フリーランス２大テーマ
テーマ１ 年齢を重ねると仕事が減る問題
テーマ２ 生涯現役は本当に可能なのか問題
仕事をいつまでもらえるか心配だよねぇ
では、今日は社会人訪問に行きましょう!
ついてきてください!!
へっ!?

＼社会人訪問①／

こんにちは～
いらっしゃい やっさん お若いお二人も
加茂栄吉(62)
僕も、昔はフリーのデザイナーでね そこそこ売れっ子だったんだ
でもねぇ…
栄吉(48)
…なぁ
加茂さん、正直ギャラ高いよねぇ デザインも古臭い…
なっ!?
ヒソ
ヒソ
年取って体もキツくなってるし… 自信なくなっちゃったよ
妻・登美子
会社作ろう!! 年が問題なら若い人雇ってやってもらえば…
あなたは経験を活かして代わりにできることがあるんじゃないの？
大丈夫!!

…で、小さな会社を作って、若い人を2人雇ったんだ
ホームページやSNSで新規開拓して出直したよ
会社
今は社長でね、ディレクションもやるけど、メインは営業
意外と向いてたんだコレが
へえ～
昔は仕事人間だったのに今は取引先とゴルフしたり遊びまわってるのよ～
私は経理を担当しているのやっさんいつもサポートありがとう
夫婦で協力してがんばってるんだな
素敵な夫婦だったね
うん、目標ができた気がする!!
1.年齢を重ねると仕事が減る問題
仕事が減る理由分析
・新しい技術やトレンドについていけない。
・センスが古くなる。
・モチベーション&体力の低下。
・時間をお金に換える働き方ができなくなる。
・発注者の方が年下に。
↓
会社を作り、経験や人脈を活かして、マネジメントにまわる方法も。

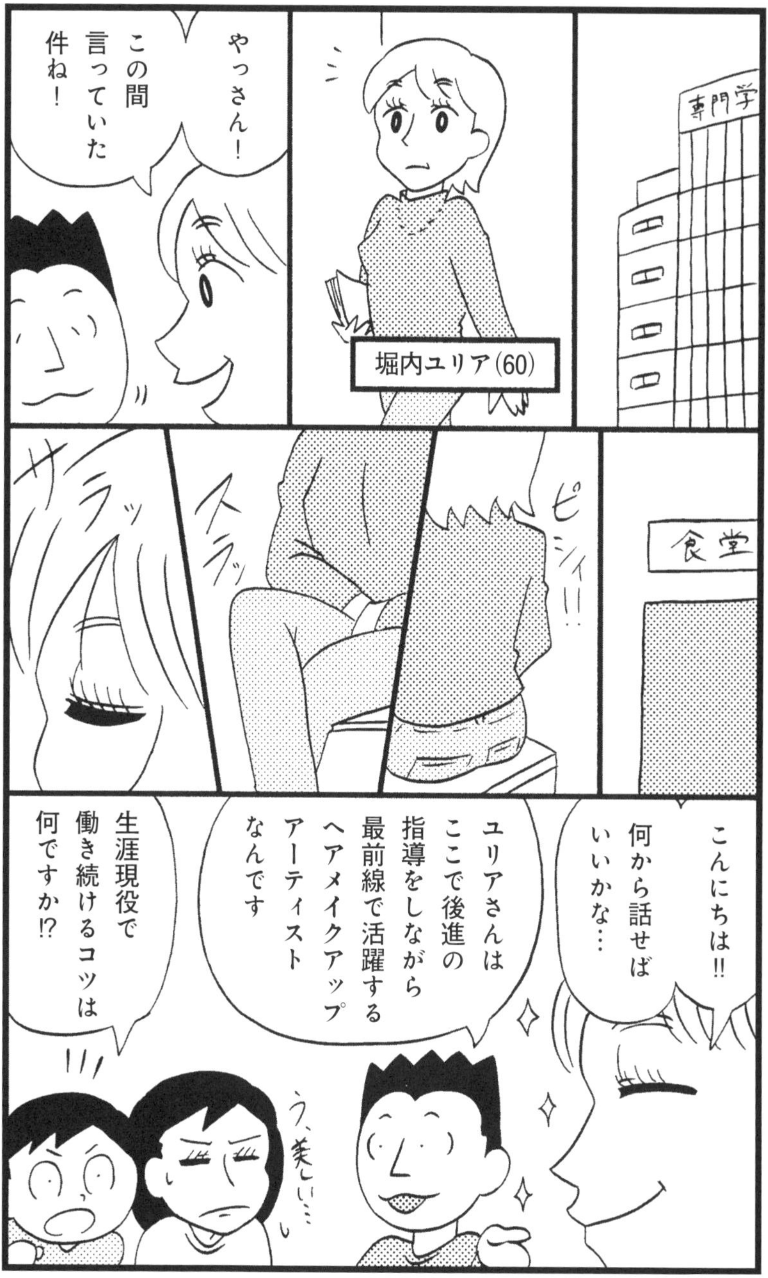
専門学
堀内ユリア(60)
やっさん！この間言っていた件ね！
食堂
ピシィ!!
スラッ
サラッ
こんにちは!!
何から話せばいいかな…
ユリアさんはここで後進の指導をしながら最前線で活躍するヘアメイクアップアーティストなんです
生涯現役で働き続けるコツは何ですか!?
う、美しい…

一に体力！二に健康！いや、これ本当に
テレビや映画の現場は不規則だからね
メイクの流行や技術はどんどん新しくなっていくから常に追わなきゃいけない
日々鍛錬!!
あとマンネリ化を防ぐために占いもやっててそれで人脈も広がったわ
ただ、現場の仕事だけじゃ体力的に厳しくて…
ハア〜ッ!!
今は専門学校でプロのノウハウを若者に伝えるのがメイン！
合間に現場の仕事も入れてます！
ユリアさん60代に見えなかったね…
セルフ・プロデュース力がすごい…!!
専門
2.生涯現役は本当に可能なのか問題
生涯現役のコツ
・とにかく体力が大事(心身の健康)。
・感性や技術を、常に磨き続ける。
・二足の草鞋も武器に（メイク＋占い）。
・人脈を広げることも大事。
・年を取るにつれ、仕事内容はシフト。
⬇
努力と覚悟で、生涯第一線は可能。「この人じゃないとダメ」というウリを作る。

お二人とも、いかがでしたか？
フリーランスに、王道なし！それぞれの道がありますね
十人十色!!
フリーでも会社員でもより輝ける選択が大事だと思いました
では、私の方からもアドバイスを
最終的にフリーランスは人とのつながりが大切です！
魅力的な人ほど人のつながりは生まれやすくなります
魅力的な人かぁ…
楽しそうに生きている人なんかは魅力的だよね
よし！仕事人間になりすぎずプライベートでも多くの人と接点を持とう!!
そこから仕事につながることもありますから
バランスの良い人間関係が大事だね

※国民健康保険の健診なら、無料か低額で受けられる。若くても、歯の検査は定期的に！

人生を楽しむスタンスでお金とかかわりたいね!!
ウワーーッ!!
お金は大事だけど振り回されすぎないことも大切です！
お金の知識を身につけて人生を楽しむ
みんな一緒にがんばろう

Freelance Money Talk

9章まとめ

年をとると仕事が減る？
生涯現役は本当に可能？

年をとるにつれて仕事内容をシフトしている人や、自分の経験やスキルを磨き続けて生涯現役を貫いている人もいる。

俺は、俺の道を切り開く！ええと、何を真似すればいいんだっけ?

フリーランスの生き方に王道なし、
それぞれの道を切り開くことが必要。

フリーランスに必要不可欠なのは…

人生を楽しんでいる魅力的な人	← 人とのつながりを持っているのは？	人とのつながり

お金は大事だけど、人付き合いも大事。過度の節制は逆効果だよね！

フリーランスは体が資本、運動不足は天敵です。健康への配慮も忘れずに！
フンッ!!

生涯現役を貫くために

お金に振り回されず、人生を楽しむ魅力的な人に、仕事は集まる！

用語集・索引

などは自分で税額を計算し確定申告を行う（申告納税）。一方、住民税や事業税、固定資産税などは自治体が税額を計算し納付書を送付する（賦課課税）。

加《か》算税《さんぜい》 … P53,116
正しく申告しなかった場合などにペナルティとして課される税金。税額を少なく申告した場合の「過少申告加算税」、期限までに申告しなかった場合の「無申告加算税」などがある。

家《か》事《じ》按分《あんぶん》 … P74,118
家賃や水道光熱費など、事業用の経費と個人的な家事費をはっきり分けられないものについて、一定の割合で経費と家事費に区分すること。

勘定《かんじょう》科《か》目《もく》 … P70,74,80,86
「売上高」「水道光熱費」「現金」など、帳簿上で取引の内容を表わすもの。

還《かん》付《ぷ》 … P35,111
取りすぎた税金を返すこと。所得税の本来の税額よりも源泉徴収された税額が多かった場合、確定申告をすることでその差額が還付される。

記《き》帳《ちょう》 … P59,62,64,70
売上や経費などを帳簿に記録すること。個人事業主の場合、事業所得の金額を確定し、所得税の金額を計算するために記帳する。

キャッシュフロー表《ひょう》 … P136,140,142,170
将来の家計収支と貯蓄残高の経過を一覧表にしたもの。資金計画を行うために用いられる。エクセルなどの表計算ソフトを使うと簡単に作成できる。

クラウド … P63,70,112
ネットを利用したサービスの形態。利用者

あ

青色申告《あおいろしんこく》 … P92,101
個人事業主が所定の帳簿を作成することを条件に、税務上の特典を受けられる制度。最大65万円の青色申告特別控除、減価償却の特例などがある。青色の申告用紙を用いていたことからこの名称が生まれた。

青色申告特別控除《あおいろしんこくとくべつこうじょ》 … P78,94,113,117
青色申告を選択した人が、事業所得の金額から最大65万円を差し引ける制度。最大65万円の経費が増えるのと同じ効果がある。

iDeCo（イデコ） … P107,178,180,184,200
個人型確定拠出年金の愛称。老後の公的年金を補完するための制度。毎月一定額を積み立てて、自分で運用方法を決めることができる。運用次第で老後の受取額が変わってくる。

インデックスファンド … P203
投資信託の中でも市場指数（ダウ平均や日経平均など）に連動するように運用されるもの。パッシブファンドとも呼ばれる。一般的に手数料（信託報酬）が安い。

延滞税《えんたいぜい》 … P52,98
税金を期限内に納付しなかったとき、ペナルティとして課される税金。地方税では「延滞金」と呼ぶ。

か

会計《かいけい》ソフト … P62,70,99
記帳を行うためのソフト。会計ソフトを利用すれば、簿記の知識がなくても、効率的に記帳できる。

確定申告《かくていしんこく》 … P35,91,98,114
所得や売上などの金額を集計し、その金額をもとに納付すべき税額を計算して税務署に申告すること。所得税や法人税、消費税設立された組合。国保組合とも。建設や美容、文芸美術などの業種に国保組合があり、それぞれ加入基準を設けている。自治体の国保より保険料が安いことが多い。

国民年金《こくみんねんきん》 … P49,171,178,185,189

公的年金の一つで、主に老後の生活を支えるための制度。一定期間保険料を支払うと65歳以降に年金が支給される他、障害を負ったときや子どもを持つ人が死亡したときなども年金を受け取れる。

国民年金《こくみんねんきん》基金《ききん》 … P180,183,189

老後の公的年金を補完するための制度。現役時に支払った掛金に応じて、老後に年金を受け取れる。一生涯年金を受け取れるプランもある。

個人向《こじんむ》け国債《こくさい》 … P197,201,208

国が個人向けに販売する債券。3年固定金利、5年固定金利、10年変動金利の3種類がある。発行後1年がたてばいつでも解約することが可能。

固定資産税《こていしさんぜい》 … P44,118

財産（土地や家屋など）にかかる税金。個人事業主の場合、一定額以上の事業用資産を持っていると固定資産税（償却資産税）がかかる。

さ

事業所得《じぎょうしょとく》 … P30,40,80,97

個人事業主が事業によって得た所得のこと。会社から支払われる「給与所得」、不動産や株などの売買で得た「譲渡所得」などとは、所得計算の扱いが違っている。

事業税《じぎょうぜい》 … P30,40

個人事業者の一部業種に対して自治体が課す税金。事業所得の年290万円を超えた部分に対して3～5%の事業税がかかる。

社会保険《しゃかいほけん》 … P49,107,108

健康保険や年金、雇用保険、介護保険など、公的に用意された制度のこと。支払った保

のパソコン側ではなく、サービス提供者のコンピューター側で処理やデータ保存を行う。「パソコンにソフトを入れる必要がない」「常に最新の機能を利用できる」などのメリットがある。

経費《けいひ》 … P31,70,118,165

個人事業主が売上を得るために必要となる費用のこと。事業とは関係のない支出（家事費）は経費にならない。

決算書《けっさんしょ》 … P83,87,101

事業の成果と現状を報告する書類。どれだけ利益が出たかを表わす「損益計算書」、資産や負債がどれだけあるかを表わす「貸借対照表」などがある。

減価償却《げんかしょうきゃく》 … P82,102,118,124

建物や機械など長期にわたって利用するものについて、その購入金額を分割し、複数年にわたって経費（減価償却費）として処理すること。10万円以上（青色申告では30万円以上）の物品は原則として減価償却の対象となる。

源泉徴収《げんせんちょうしゅう》 … P35,54,103,105

給与や報酬の支払者が、一定割合の所得税を天引きして納税すること。一般的な報酬の場合、支払額の10.21%が源泉徴収される。

控除《こうじょ》 … P31,106,108,171,179,188

差し引くこと。所得税の計算では、所得の金額にそのまま課税するのではなく、一定金額を差し引いた「課税所得」に税率をかける。

国民健康保険《こくみんけんこうほけん》 … P49,61,78,118,161

会社などで健康保険に加入していない人を対象とし、主に自治体が運営している健康保険のこと。国保とも呼ばれる。原則として所得に応じて保険料が決まる。

国民健康保険組合《こくみんけんこうほけんくみあい》 … P165

国民健康保険を運営するため、業種ごとに

インターネットを利用して申告や申請を行うこと。国税では「e-Tax（イータックス）」、地方税では「eLTAX（エルタックス）」というシステムを利用する。

投資信託《とうししんたく》 … P201,207
複数の投資家から資金を集めて運用を行い、その収益を投資家に配分するもの。ファンドとも呼ばれる。株式や債券、商品など多くの投資対象についての投資信託が販売されている。

な

NISA（ニーサ） … P200, 201
少額投資非課税制度の愛称。株や投資信託などの金融商品は売却益や配当に 20% 程度の税金がかかるが、NISA では一定の金額枠で金融商品を購入すると、売却益や配当への税金がかからない。

は

ファイナンシャルプランナー … P8,130
ライフプランニングの中で、特に資金計画の作成やアドバイスを行う専門家。FP とも呼ばれる。住宅ローンや資産運用、不動産投資、家計改善など、特定分野に特化した FP も多い。

分散投資《ぶんさんとうし》 … P197,207,209
投資対象を多様化させることで、リスクを低くおさえる手法のこと。ある金融資産の価値が暴落しても、資産全体への影響を最小限にとどめることができる。

法人成《ほうじんな》り … P122
個人事業主が会社を作ること。信用力が増すほか、節税策の幅が広がる。

ら

ライフプランニング … P130
将来の生活設計を行うこと。自分や家族の夢や希望を明確にし、それを実現するための資金計画を立てる。

険料は原則として全額が所得控除の対象となる。

住民税《じゅうみんぜい》 … P30,38,50
自治体（都道府県、市区町村）に納める税金。所得割（所得の約 10%）と均等割（一人年 4,000 円）の合計額を納める。

小規模企業共済《しょうきぼきぎょうきょうさい》 … P107,179,188,200
小規模企業の経営者など（個人事業主を含む）が、リタイア後の生活資金を積み立てるための制度。積立金の範囲で事業資金の借入もできる。

消費税《しょうひぜい》 … P30,45,123
商品の販売やサービスの提供にかかる税金。実際には、事業者が納税するものであり、売上と仕入・経費の差額に税率をかけて税額を求める。

所得《しょとく》 … P31,37 50,61,84,97,105,163
売上などの収入金額などから、経費などを差し引いた残りの金額。利益と同じと考えて良い。所得税の計算では「収入」は経費を引く前の売上金額を指す。

所得控除《しょとくこうじょ》 … P78,106,117
所得税の計算において、所得金額からあらかじめ定められた金額を差し引くこと。納税者ごとの個人的事情を加味して税負担を公平にするためのもので、15 種類の所得控除がある。

所得税《しょとくぜい》 … P31,34,37,50,78,84,103,106, 119,188
個人の所得に対してかかる税金。所得が多いほど税率が高くなる「超過累進税率」を採用している。

税務調査《ぜいむちょうさ》 … P53,76,115
申告内容に誤りがないかを税務署などが調べること。

た

電子申告《でんししんこく》 … P73,110,113

著者　佐《さ》々《さ》木《き》康之《やすゆき》

1968年、京都生まれ。東京外国語大学 朝鮮語学科卒業。出版社勤務を経て、1999年にフリーライターとして独立。主にコンピューターの活用法を提案する記事や書籍を執筆。フリーランス生活の中でマネーの知識の必要性を痛感し、2008年に2級ファイナンシャル・プランニング技能士を取得。フリーランス支援のためには税理士資格が欠かせないことに気付き、2016年には税理士の資格を取得。2018年にフリーランスのための「みらいプランニング税理士事務所」を設立。

マンガ　しまだたかひろ
編集協力　高橋淳二・野口武（JET）
デザイン　高垣智彦（かわうそ部長）
DTP　株式会社センターメディア
校正　株式会社鷗来堂
編集担当　遠藤やよい（ナツメ出版企画株式会社）

生《い》きていくために必要《ひつよう》なフリーランスのお金《かね》の話《はなし》
税金《ぜいきん》、年金《ねんきん》、保険《ほけん》… ゼロからぜんぶ教《おし》えます！

2021年2月5日　　初版発行

著　者　佐《さ》々《さ》木《き》康之《やすゆき》

発行者　田村正隆

発行所　株式会社ナツメ社
東京都千代田区神田神保町1-52 ナツメ社ビル1F（〒101-0051）
電話 03 (3291) 1257（代表）　FAX 03 (3291) 5761
振替 00130-1-58661
制　作　ナツメ出版企画株式会社
東京都千代田区神田神保町1-52 ナツメ社ビル3F（〒101-0051）
電話 03 (3295) 3921（代表）
印刷所　広研印刷株式会社

ISBN978-4-8163-6954-4　　Printed in Japan

本書に関するお問い合わせは、上記、ナツメ出版企画株式会社までお願いいたします。